东南亚国家语言口语丛书

新编
老挝语口语

XINBIAN LAOWOYU KOUYU

修 订 版

（老中对照）

丛书总主编　黄天源
分册主编　　陶　红
　　　　　　韦经桃
　　　　　　卢建家
原书编者　　陶　红
　　　　　　韦经桃
审　　订　　（老挝）品颇·班雅努冯
修 订 者　　卢建家

广西教育出版社

南宁

图书在版编目（CIP）数据

新编老挝语口语 / 黄天源总主编. —修订本. —
南宁：广西教育出版社，2020.11
（东南亚国家语言口语丛书）
ISBN 978-7-5435-8822-6

Ⅰ.①新… Ⅱ.①黄… Ⅲ.①老挝语—口语—高等学
校—教材 Ⅳ.①H411.94

中国版本图书馆 CIP 数据核字(2020)第 133730 号

策划编辑：孙 梅　　　　　　　责任校对：谢桂清
组稿编辑：孙 梅　陈文华　　　特约校对：黄 宁　王宇航
中文统筹：孙 梅　陈文华　　　老语朗读：（老挝）邢纳昆
责任编辑：陈文华　朱 滔　　　中文朗读：黄 媛
特约编辑：全荣兴　覃婧婧　　　责任技编：蒋 媛
封面设计：梁伟琪

出 版 人：石立民
出版发行：广西教育出版社
地　　址：广西南宁市鲤湾路 8 号　　邮政编码：530022
电　　话：0771-5865797
本社网址：http://www.gxeph.com
电子信箱：gxeph@vip.163.com
印　　刷：广西民族印刷包装集团有限公司
开　　本：890mm×1240mm　1/32
印　　张：7.375
字　　数：210 千字
版　　次：2020 年 11 月第 1 版
印　　次：2020 年 11 月第 1 次印刷
书　　号：ISBN 978-7-5435-8822-6
定　　价：28.00 元

如发现印装质量问题，影响阅读，请与出版社联系调换。

❋ 修订版说明 ❋

　　岁月如梭。转眼间，2004年10月《新编老挝语口语》出版至今已经十多年了。承蒙广大读者厚爱，本书多次再版，成为学习和使用老挝语口语的标杆性图书之一。

　　时代在进步，社会在发展，科技不断创新，语言也随之产生变化，出现了大量的新情景及与之相应的词汇、句型和表达方式。为了适应新的形势，根据出版社的部署，我们耗费相当长的时间对《新编老挝语口语》进行了修订和补充。

　　《新编老挝语口语》（修订版）仍然保留我（原书主编）原来的汉语基本框架，坚持采用典型例句的形式，而不是传统口语书一问一答的方式。但是在每一课的正文增加了拼音，便于读者学习。课文后面还有补充词汇，供读者用以置换正文例句中的词语，生成更多的新句子，对读者的学习起到事半功倍的作用。本书还将正文两大部分内容的标题进行了调整，使之更加通俗，更加贴近生活。

　　本书正文增加了很多内容，使全书的容量扩充了30%左右。新增加的内容涉及社会、生活（如维修）和高新科技（如网上购物、数码产品、智能手机）等。我们想，在原书基础上新增加的这些与日常生活息息相关的内容，读者只要好好掌握，基本上能在日常生活和工作中跨越语言障碍，与外国人进行有效的沟通。

　　本书后面仍然附有"老挝概况"，但其内容已根据最新资料进行了更新。

《新编老挝语口语》（修订版）适合在校学生作为教材使用，也可供社会各界人士在国内学习或者出国时使用。

在此我们要感谢广西教育出版社有限公司孙梅、陈文华以及朱滔等，他们对本书做了大量具体的修订工作。

黄天源

2020年3月

ສາລະບານ
❋ 目 录 ❋

ພາກທີໜຶ່ງ ຮູບປະໂຫຍກສະແດງບົດບາດຕ່າງໆ
第一部分 功能表达句型

ການທັກທາຍປາໄສ 问候 ······································ 2

ການຕ້ອນຮັບ 接待 ··· 7

   ການຕ້ອນຮັບນອກທາງການ 非正式接待 ················· 7

   ການຕ້ອນຮັບທາງການ 正式接待 ······················ 9

ການແນະນຳ 介绍 ·· 13

ອຳລາ / ລາຈາກ 辞别 ···································· 17

ການເຊື້ອເຊີນ 邀请 ······································ 20

   ອອກຄຳເຊື້ອເຊີນ 发出邀请 ························ 20

   ການຮັບຄຳເຊື້ອເຊີນ 接受邀请 ····················· 21

   ປະຕິເສດການເຊື້ອເຊີນ 拒绝邀请 ··················· 22

ຖາມຂ່າວ 问讯 ··· 24

ສະແດງຄວາມຂອບໃຈ 致谢 ······························ 28

ຂໍໂທດ / ຂໍອະໄພ / ຂໍອະໄພໂທດ 道歉，原谅 ······· 31

ອວຍພອນ 祝愿 ······· 33

ດື່ມເຫລົ້າອວຍພອນ 祝酒 ······· 35

ການເວົ້າຍົກຍ້ອງ 恭维 ······· 37

ໄປຮ່ວມພິທີໄວ້ອາໄລຜູ້ທີ່ເຖິງແກ່ກຳ 吊唁 ······· 39

ການມອບຂອງຂວັນ 送礼 ······· 41

ນັດພົບກັນ 约会 ······· 43

ນັດພົບກັນ 提出约会请求 ······· 43

ການນັດພົບກັນລະຫວ່າງໝູ່ເພື່ອນແລະເພື່ອນຮ່ວມງານ 朋友、
同事之间的约会 ······· 45

ປ່ຽນແປງເວລານັດພົບກັນຫລືຍົກເລີກການນັດພົບກັນ 改变约会
时间或取消约会 ······· 46

ຮູ້, ເຂົ້າໃຈ 明白，理解 ······· 48

ຄວາມແນ່ນອນ; ຄວາມອາດສາມາດເປັນໄປໄດ້; ຄວາມສົງໄສ;
ການຫ້າມ 肯定；大概，可能；怀疑；禁止 ······· 50

ບອກຄວາມແນ່ນອນ 肯定 ······· 50

ບອກຄວາມອາດສາມາດເປັນໄປໄດ້ 大概，可能 ······· 51

ຄວາມສົງໄສ 怀疑 ······· 53

ການຫ້າມ 禁止 ······· 54

ສຳນວນທີ່ໃຊ້ໃນສະຖານທີ່ສາທາລະນະ 公共场所用语 ······· 55

ເຫັນດີ ຫລື ຄັດຄ້ານ 赞成或反对 ······· 58

ການຊ່ວຍເຫລືອ 帮助 ··· 60

ຮັບເອົາການຊ່ວຍເຫລືອ 接受帮助 ······················· 61

ປະຕິເສດການຊ່ວຍເຫລືອ 拒绝帮助 ····················· 61

ຮຽກຮ້ອງການຊ່ວຍເຫລືອ 请求帮助 ··················· 62

ເຫັນດີຊ່ວຍເຫລືອຜູ້ອື່ນ 同意帮助别人 ·············· 62

ບໍລິການ / ຮັບໃຊ້ 服务 ··· 63

ຂໍໃຫ້ບໍລິການ 请求提供服务 ······························· 64

ອາກາດ 天气 ··· 66

ວັນ ເດືອນ ລະດູການ ປີ 年, 季节, 月, 日 ·············· 70

ເວລາ 时间 ·· 74

ພາກທີສອງ ຮູບປະໂຫຍກສະແດງສະພາບຕ່າງໆ
第二部分　情景表达句型

ລະບຽບການທີ່ຈຳເປັນ 必要手续 ······························· 78

ຮ້ອງຂໍວິຊາທົ່ວໄປ 申请一般签证 ······················· 78

ເລື່ອນໄລຍະເວລາທີ່ຫນັງສືຜ່ານແດນມີຜົນສັກສິດ 延长护照

有效期 ·· 81

ການກວດກາຢູ່ຊາຍແດນ 边检 ·········· 82

ຜ່ານດ່ານພາສີ 过海关 ·········· 83

ຮ້ອງຂໍໜັງສືອະນຸຍາດໃຫ້ຢູ່ອາໄສ 申请居留证 ·········· 87

ຄົມມະນາຄົມແລະລຳລຽງຂົນສົ່ງ 交通运输 ·········· 90

ຂຶ້ເຮືອບິນ 乘飞机 ·········· 90

ຂຶ້ລົດເມ 乘公共汽车 ·········· 96

ຂຶ້ລົດຮັບຈ້າງ/ຕັກຊີ (TAXI) 乘出租车 ·········· 98

ໄປສະນີໂທລະເລກ 邮电 ·········· 101

ຢູ່ສູນກາງໄປສະນີ 在邮政中心 ·········· 101

ໂທລະສັບ 电话 ·········· 105

ຄວາມເວົ້າໃຊ້ທົ່ວໄປ 其他常用语 ·········· 108

ຢູທະນາຄານ 在银行 ·········· 110

ແລກປ່ຽນເງິນຕາຕ່າງໆປະເທດ 兑换外币 ·········· 110

ການຝາກຫລືຖອນເງິນ 存取款 ·········· 112

ປະກັນໄພສັງຄົມ 社会保险 ·········· 117

ພັກພາອາໄສ 住宿 ·········· 119

ພັກຢູ່ໂຮງແຮມ 在宾馆 ·········· 119

ຢູ່ຫ້ອງການທຸລະກິດການຄ້າຂອງໂຮງແຮມ 在宾馆商务中心 ····· 123

ການເຊົ່າເຮືອນ 租房 ·········· 125

ການກິນດື່ມ 饮食 ·········· 128

ຢູ່ຮ້ານອາຫານ 在餐馆 ·················· 128

ກິນເຂົ້າຢູ່ເຮືອນ 在家里吃饭 ·················· 135

ການຊື້ເຄື່ອງ 购物 ·················· 139

ຢູ່ຮ້ານຄ້າ 在商店 ·················· 139

ຢູ່ຕະຫລາດສົດ 在鲜货市场 ·················· 146

ຢູ່ຮ້ານຂາຍເຄື່ອງແຫ້ງ 在干货店 ·················· 149

ການຊື້ຂອງອອນລາຍ 网上购物 ·················· 151

ການເຄື່ອນໄຫວເສດຖະກິດການຄ້າ 经贸活动 ·················· 155

ງານມະຫະກຳອາງສະແດງ 博览会 ·················· 155

ການສຳຫລວດເສດຖະກິດການຄ້າ 经贸考察 ·················· 161

ການຄ້າ 贸易 ·················· 163

ການລົງທຶນ 投资 ·················· 167

ການເປີດປະມູນແລະເຂົ້າປະມູນ 招标和投标 ·················· 171

ການຮັກສາພະຍາບານ 医疗 ·················· 176

ການປິ່ນປົວພະຍາດ 治疗 ·················· 176

ຢູ່ຮ້ານຂາຍຢາ 在药店 ·················· 181

ການຮ່ຳຮຽນ 学习 ·················· 185

ການທ່ອງທ່ຽວ 旅游 ·················· 189

ທັດສະນະຈອມປະເທດຈີນ 游览中国 ·················· 191

ການເຄື່ອນໄຫວກິລາ 体育运动 ·················· 194

ອັດກາຍ 锻炼身体 ·· 194

ການແຂ່ງຂັນ 竞赛 ·· 196

ການແຂ່ງຂັນເຕະບານ 足球赛 ································· 199

ບັນເທີງ 娱乐 ··· 204

ການສ້ອມແປງ 维修 ··· 208

ຜະລິດຕະພັນດິຈິຕອນ 数码产品 ······························· 213

ໂທລະສັບມີຕິສະມາດໂຟນ 智能手机 ························· 216

附录

老挝概况 ·· 220

ພາກທີໜຶ່ງ

ຮູບປະໂຫຍກສະແດງບົດບາດຕ່າງໆ

第一部分

功 能 表 达 句 型

ການທັກທາຍປາໄສ

wèn hòu
问 候

ສະບາຍດີ, ບັນດາທ່ານຍິງ ແລະ ທ່ານຊາຍ.

nǚ shì men　　xiān sheng men　　nǐ men hǎo
女 士 们 、 先 生 们 , 你 们 好 。

ສະບາຍດີ, ພໍ່ເຖົ້າ / ແມ່ເຖົ້າ.

nín hǎo　　lǎo dà ye　lǎo dà niáng
您 好 , 老 大 爷 / 老 大 娘 。

ສະບາຍດີ, ລຸງ / ປ້າ.

nín hǎo　　dà ye　　dà niáng
您 好 , 大 爷 / 大 娘 。

ສະບາຍດີ, ທ່ານຫົວໜ້າ / ທ່ານຜູ້ອຳນວຍການ.

nín hǎo　　zhǔ rèn　jīng lǐ
您 好 , 主 任 / 经 理 。

ສະບາຍດີ, ອາຈານ.

nín hǎo　　lǎo shī
您 好 , 老 师 。

ສະບາຍດີ, ອາວ / ອາ.

nín hǎo　　dà shū　dà shěn
您 好 , 大 叔 / 大 婶 。

ສະບາຍດີ, ອ້າຍ / ເອື້ອຍ.

nín hǎo　　dà gē　dà jiě
您 好 , 大 哥 / 大 姐 。

ສະບາຍດີ!

dà jiā hǎo　　　duì qún tǐ　　cháng zài fā yán qián yòng
大家好！（ 对 群体 ， 常 在发言前用 ）

ສະບາຍດີ, ທ່ານໝໍ!

nín hǎo　　dài fu
您好， 大夫！

ສະບາຍດີ, ນາງສຸພັນສາ.

sū pān xià nǚ shì　　nǐ hǎo
苏潘夏女士， 你好。

ສະບາຍດີ, ບຸນມີ.

nǐ hǎo　　bēn mǐ
你好， 奔米。

ສະບາຍດີ, ນ້ອງຊາຍ / ນ້ອງສາວ.

nǐ hǎo　　dì di　　mèi mei
你好， 弟弟 / 妹妹。

ສະບາຍດີ, ຫລານຊາຍ / ຫລານສາວ.

nǐ hǎo　　zhí zi　zhí nǚ
你好， 侄子 / 侄女。

ທ່ານຍັງສະບາຍດີຢູ່ບໍ?

nín hái hǎo ma　　　diàn huà wèn hòu yǔ
您还好吗？（ 电话问候语 ）

ທຸກສິ່ງທຸກຢ່າງສະດວກສະບາຍບໍ?

zhū shì shùn lì ma
诸事 顺利吗？

ທຸກສິ່ງທຸກຢ່າງໄດ້ສົມຫວັງບໍ?

yī qiè rú yì ma
一切如意吗？

ເຈົ້າ (ທ່ານ) ສະບາຍດີບໍ?

nǐ　　nín　　hǎo ba
你 （ 您 ） 好吧？

ເຈົ້າ（ທ່ານ）ສະບາຍດີບໍ?

nǐ   nín   hǎo ma

你（您）好吗？

ຂໍຝາກຄວາມຍ້ຍາມຖາມຂ່າວ ໄປຍັງນາງສຸພັນຊາແດ່ເນີ!

qǐng xiàng sū pān xià nǚ shì wèn hǎo

请 向 苏 潘 夏 女 士 问 好！

ຂໍຝາກຄວາມຍ້ຍາມຖາມຂ່າວມາຍັງຄອບຄົວຂອງທ່ານແດ່ເນີ!

qǐng dài wǒ wèn hòu nín de jiā rén

请 代 我 问 候 您 的 家 人！

ຄຳຕອບ

回 答

ສະດວກສະບາຍຢູ່, ຂອບໃຈ!

hěn hǎo   xiè xie   duì   zhū shì shùn lì ma   de huí dá

很 好，谢 谢！（对 "诸 事 顺 利 吗？" 的 回 答）

ທຸກສິ່ງທຸກຍ່າງສົມຫວັງຢູ່, ຂອບໃຈ!

hěn hǎo   xiè xie   duì   yī qiè rú yì ma   de huí dá

很 好，谢 谢！（对 "一 切 如 意 吗？" 的 回 答）

ຂ້ອຍກໍສະບາຍດີຢູ່, ຂອບໃຈ!

wǒ yě hěn hǎo   xiè xie

我 也 很 好，谢 谢！

ສະບາຍດີຢູ່, ເຈົ້າ（ທ່ານ）ເດ?

hěn hǎo   nǐ   nín   ne

很 好，你（您）呢？

ກໍຍັງສະບາຍດີຢູ່ ຂອບໃຈ!

hái hǎo   xiè xie

还 好，谢 谢！

备注：

一、老挝人主要信奉佛教，经常双手合十行礼。对象不同，行合十礼的高度或先后顺序也不同。拜佛或拜高僧时，要双手合十，举高于鼻尖，跪着拜或站着拜；遇见长辈或职务高的人（不论其年龄大小）时，要双手合十，举平胸口，微微低头，然后说："ສະບາຍດີ！（你好！）"遇见同辈熟人、晚辈或职务比自己低的人不用主动行合十礼，可直接说："ສະບາຍດີ！（你好！）"如对方先行合十礼，自己也要回合十礼。

二、本书汉语部分第一人称单数、复数和第二人称单数、复数分别为我、我们，您、先生、女士、你、你们，老挝语译为 ຂ້ອຍ，ພວກຂ້ອຍ，ທ່ານ，ທ່ານ，ທ່ານນາງ，ເຈົ້າ，ພວກເຈົ້າ，在使用过程中要注意场合、身份、年龄。具体如下：

1.在开会、谈判等严肃场合，第一人称单数和复数不能用 ຂ້ອຍ，ພວກຂ້ອຍ，而应用 ຂ້າພະເຈົ້າ，ພວກຂ້າພະເຈົ້າ；第二人称单数和复数不能用 ເຈົ້າ，ພວກເຈົ້າ，而应用 ທ່ານ，ພວກທ່ານ。

2.在平常交往中，除称呼熟悉的同辈人时第一人称单数可用 ຂ້ອຍ、复数可用 ພວກຂ້ອຍ，第二人称单数可用 ເຈົ້າ、复数可用 ພວກເຈົ້າ 外，一般按辈分和年龄称呼对方和自称。例如：称对方为 ພໍ່ເຖົ້າ ແມ່ເຖົ້າ ລຸງ ປ້າ ອາວ ອາ 时，自称为 ຫລານ；称对方为 ຂ້າຍ ເອື້ອຍ 时，自称为 ນ້ອງ；等等。

ຄຳສັບເພີ່ມເຕີມ
补充词汇

ປູ່ 爷爷，祖父　　　ຍ່າ 奶奶，祖母

ພໍ່ເຖົ້າ（1）外公，外祖父（2）老大爷，老人家（对男性老人的尊称）

ແມ່ເຖົ້າ（1）外婆，外祖母（2）老大娘，老人家（对女性老人的尊称）

ລຸງ（1）大舅（2）大姑父（3）大姨夫（4）伯父，伯伯，大伯（对父亲的哥哥及与父亲辈分相同而年纪较大的男子的尊称）

ປ້າ（1）伯母（2）大姑（3）大姨（4）大娘，大妈（对与母亲辈分相同而年纪较大的女性的尊称）

ພໍ່（1）父亲，爸爸（2）对年纪与父亲相仿的男子的尊称（3）前缀，表示从事某种工作的男性（如：ພໍ່ຄ້າ 男商人，ພໍ່ຄົວ 男厨师）

ແມ່（1）妈妈，母亲（2）对年纪与母亲相仿的妇女的尊称（3）前缀，表示从事某种工作的女性（如：ແມ່ຄ້າ 女商人，ແມ່ຄົວ 女厨师）

ຫລານ（1）孙子，孙女（2）外孙子，外孙女（3）侄儿，侄女（4）外甥，外甥女

ອະທິການບໍດີ（大学）校长　　ຮອງອະທິການບໍດີ（大学）副校长

ສາດສະດາຈານ 教授　　　ປະທານຄະນະກຳມະການບໍລິສັດ 董事长

ການຕ້ອນຮັບ

jiē dài
接 待

ການຕ້ອນຮັບນອກທາງການ

fēi zhèng shì jiē dài
非 正 式接待

ຍິນດີທີ່ໄດ້ພົບກັບເຈົ້າ (ທ່ານ)!

jiàn dào nǐ　nín　hěn gāo xìng

见 到 你 (您) 很 高 兴 !

ຍິນດີທີ່ໄດ້ພົບກັບເຈົ້າ (ທ່ານ) ອີກ!

hěn gāo xìng yòu jiàn dào nǐ　nín

很 高 兴 又 见 到 你 (您)!

ເຊີນເຂົ້າມາ.

qǐng jìn

请 进 。

ເຈົ້າມາພໍດີ.

nǐ lái de zhèng hǎo

你 来 得 正 好 。

ມາ, ພວກເຮົາໄປຫ້ອງຮັບແຂກ.

lái　wǒ men dào kè tīng qù

来 , 我 们 到 客 厅 去 。

ເອົາເຄື່ອງຂອງໄວ້ຢູ່ນີ້, ນັ່ງຈັ່ງສະບາຍ.

qǐng bǎ nǐ de dōng xi fàng xià　zuò zhe shū fu diǎn

请 把 你 的 东 西 放 下 , 坐 着 舒 服 点 。

ເຊີນນັ່ງ!

qǐng zuò

请 坐 !

ເຈົ້າ (ທ່ານ) ຢາກດື່ມຫຍັງ?

nǐ　nín　hē diǎn shén me

你 (您) 喝 点 什 么 ?

ເຊີນກິນ (ດື່ມ)!

qǐng yòng ba　chī huò hē

请 用 吧 ! (吃 或 喝)

ຂອບໃຈເຈົ້າ (ທ່ານ) ທີ່ໄດ້ມາຢ້ຽມຢາມ.

xiè xie nǐ　nín　de lái fǎng

谢 谢 你 (您) 的 来 访 。

ຄຳຕອບ

回 答

ຂ້ອຍກໍຍິນດີເຊັ່ນດຽວກັນທີ່ໄດ້ພົບກັບເຈົ້າ.

jiàn dào nǐ wǒ yě yī yàng gāo xìng

见 到 你 我 也 一 样 高 兴 。

ຂອບໃຈ, ຂ້ອຍບໍ່ຢາກກິນ (ດື່ມ) ຫຍັງ.

xiè xie　wǒ bù xiǎng chī　hē　shén me

谢 谢 , 我 不 想 吃 (喝) 什 么 。

ຂອບໃຈ, ຂ້ອຍຢາກກິນ (ດື່ມ) ນ້ຳຫວານ/ນ້ຳຊາ/ນ້ຳບໍລິສຸດ/ນ້ຳແຮ່.

xiè xie　wǒ hē qì shuǐ chá shuǐ　chún jìng shuǐ　kuàng quán shuǐ

谢 谢 , 我 喝 汽 水 / 茶 水 / 纯 净 水 / 矿 泉 水 。

ການຕ້ອນຮັບທາງການ

zhèng shì jiē dài
正 式 接 待

ຂໍໂທດ, ທ່ານແມ່ນທ່ານນາງສຸພັນສາ / ທ່ານບຸນມີບໍ?

duì bu qǐ　　nín shì sū pān xià　nǚ shì　bēn mǐ xiān sheng ma
对 不 起 , 您 是 苏 潘 夏 女 士 / 奔 米 先 生 吗 ?

ຂ້າພະເຈົ້າຊື່ທ້າວລີໂຢງ, ບໍລິສັດແຕ່ງໃຫ້ຂ້າພະເຈົ້າມາຕ້ອນຮັບທ່ານ.

wǒ jiào lǐ yǒng　gōng sī pài wǒ lái jiē nín
我 叫 李 勇 , 公 司 派 我 来 接 您 。

ຍິນດີຕ້ອນຮັບພວກທ່ານມາປະເທດຈີນ!

huān yíng nǐ men lái zhōng guó
欢 迎 你 们 来 中 国 !

ຍິນດີຕ້ອນຮັບທ່ານ (ພວກທ່ານ)!

huān yíng nín　　nǐ men
欢 迎 您 (你 们)!

ທ່ານຜູ້ອຳນວຍການໄດ້ມອບໝາຍໃຫ້ຂ້າພະເຈົ້າຕາງໜ້າເພິ່ນມາຕ້ອນຮັບທ່ານ (ພວກທ່ານ) ຢູ່ເດີ່ນຍົນ.

jīng lǐ xiān sheng wěi tuō wǒ dài biǎo tā lái jī chǎng jiē nín　　nǐ men
经 理 先 生 委 托 我 代 表 他 来 机 场 接 您 (你 们)。

ຂ້າພະເຈົ້າຍິນດີທີ່ໄດ້ເປັນຜູ້ແປພາສາ / ຜູ້ພາທ່ຽວໃນເວລາທ່ານຢູ່ນະຄອນໜານໜານ ໜີ່ງ.

nín zài nán níng dòu liú qī jiān　wǒ hěn gāo xìng wèi nín dāng fān yì　dǎo yóu
您 在 南 宁 逗 留 期 间 , 我 很 高 兴 为 您 当 翻 译 / 导 游 。

ການເດີນທາງເທື່ອນີ້ສະດວກສະບາຍບໍ?

lǚ tú shang yī qiè dōu hǎo ba
旅 途 上 一 切 都 好 吧 ?

ການເດີນທາງເທື່ອນີ້ເໝື່ອຍຫລາຍແລ້ວຕີ?
yī lù shang xīn kǔ le ba
一 路 上 辛 苦 了 吧？

ການເດີນທາງເທື່ອນີ້ສະດວກສະບາຍຕີ?
lù shang yī qiè dōu shùn lì ba
路 上 一 切 都 顺 利 吧？

ຫວັງວ່າທ່ານລ້ວງມີຄວາມປິຕິຍິນດີ ໃນເວລາຍັງຢູ່ນານຢາມ (ເຮັດວຽກ)
ຢູ່ນະຄອນຫນານຫນິງ!
xī wàng nín zài nán níng dòu liú qī jiān shēng huó yú kuài
希 望 您 在 南 宁 逗 留 期 间 生 活 愉 快！

ຂ້າພະເຈົ້າເປັນຜູ້ແປພາສາຂອງທ່ານ, ຖ້າທ່ານມີວຽກຫຍັງ, ຂໍໃຫ້
ໄປຫາຂ້າພະເຈົ້າ, ຢ່າຈຣມໃຈ / ບໍ່ຕ້ອງຈຣມໃຈ / ບໍ່ຕ້ອງຈິ່ງຈຣມ!
wǒ shì nín de fān yì yǒu shì qǐng zhǎo wǒ bù bì kè qi
我 是 您 的 翻 译，有 事 请 找 我，不 必 客 气！

ຖ້າທ່ານຕ້ອງການຂ້າພະເຈົ້າຊ່ວຍຫຍັງ, ຂໍບອກຂ້າພະເຈົ້າຊາບ,
ຢ່າຈຣມໃຈ (ບໍ່ ຕ້ອງຈຣມໃຈ) !
nín rú guǒ xū yào wǒ de bāng zhù qǐng gào su wǒ bù bì kè qi
您 如 果 需 要 我 的 帮 助，请 告 诉 我，不 必 客 气！

ຖ້າມີຄວາມຕ້ອງການຫຍັງຫລືຄວາມຄິດເຫັນຫຍັງ, ເຊີນທ່ານເວົ້ານຳ
ຂ້າພະເຈົ້າ, ຢ່າຈຣມໃຈ / ບໍ່ຕ້ອງຈິ່ງຈຣມ!
yǒu shén me yāo qiú hé yì jiàn qǐng gēn wǒ shuō bù bì kè qi
有 什 么 要 求 和 意 见，请 跟 我 说，不 必 客 气！

ຂ້າພະເຈົ້າຂໍຕາງຫນ້າອຳນາດການປົກຄອງຂອງນະຄອນ ແລະ ໃນນາມ
ສ່ວນຕົວສະແດງຄວາມຍິນດີຕ້ອນຮັບພວກທ່ານຢ່າງອົບອຸ່ນ.
wǒ dài biǎo shì zhèng fǔ bìng yǐ wǒ gè rén de míng yì xiàng nǐ men biǎo shì
我 代 表 市 政 府，并 以 我 个 人 的 名 义，向 你 们 表 示
rè liè huān yíng
热 烈 欢 迎 。

ພວກຂ້າພະເຈົ້າມີຄວາມຍິນດີທີ່ໄດ້ຕ້ອນຮັບພວກທ່ານ.

wǒ men hěn gāo xìng néng jiē dài nǐ men
我 们 很 高 兴 能 接 待 你 们 。

ຫວັງວ່າພວກທ່ານຄົງມີຄວາມປິຕິຊົມຊື່ນໃນເອລາຢູ່ × × .

wǒ men zhù nǐ men zài　　dì dòu liú qī jiān shēng huó yú kuài
我 们 祝 你 们 在 × × 地 逗 留 期 间 生 活 愉 快 。

ການມາຢ້ຽມຢາມຂອງທ່ານເປັນກຽດຢ່າງຍິ່ງແກ່ພວກຂ້າພະເຈົ້າ.

duì yú nín de lái fǎng　　wǒ men shēn gǎn róng xìng
对 于 您 的 来 访 ， 我 们 深 感 荣 幸 。

ບົລິສັດພວກຂ້າພະເຈົ້າຮູ້ສຶກເປັນກຽດຢ່າງຍິ່ງທີ່ໄດ້ມີໂອກາດຕ້ອນຮັບ
ການມາຢ້ຽມຢາມຂອງຄະນະຜູ້ແທນພວກທ່ານ.

néng jiē dài guì dài biǎo tuán　　shì wǒ men gōng sī de mò dà róng xìng
能 接 待 贵 代 表 团 ， 是 我 们 公 司 的 莫 大 荣 幸 。

ການມາຢ້ຽມຢາມຂອງທ່ານເທື່ອນີ້ເຮັດໃຫ້ພວກຂ້າພະເຈົ້າຮູ້ສຶກເປັນ
ກຽດຢ່າງຍິ່ງ.

nín zhè cì fǎng wèn shǐ wǒ men shēn gǎn róng xìng
您 这 次 访 问 使 我 们 深 感 荣 幸 。

ຄະນະຜູ້ແທນປະເທດຈີນໄດ້ມາຢ້ຽມຢາມປະເທດລາວຕາມການເຊື້ອ
ເຊີນຂອງສະພາແຫ່ງຊາດລາວ.

zhōng guó dài biǎo tuán shì yìng lǎo wō guó huì de yāo qǐng fǎng wèn lǎo wō de
中 国 代 表 团 是 应 老 挝 国 会 的 邀 请 访 问 老 挝 的 。

ຄຳຕອບ

回 答

ເຈົ້າ / ໂດຍ, ຂ້າພະເຈົ້າແມ່ນບາງສຸພັນສາ / ທ້າວບຸນມີ.

shì de　　wǒ shì sū pān xià　　bēn mǐ
是 的 ， 我 是 苏 潘 夏 / 奔 米 。

ຂອບໃຈ!

xiè xie
谢 谢 !

ຂອບໃຈທ່ານທີ່ໄດ້ມາຕ້ອນຮັບພວກຂ້າພະເຈົ້າຢູ່ເດີ່ນບິນ.

xiè xie nín dào jī chǎng lái jiē wǒ men
谢谢您到机场来接我们。

ຂ້າພະເຈົ້າຍິນດີທີ່ໃຫ້ທ່ານມາເປັນຜູ້ແປພາສາ / ຜູ້ພາທ່ຽວໃຫ້
ພວກຂ້າພະເຈົ້າ.

wǒ hěn gāo xìng yóu nín lái gěi wǒ men dāng fān yì dǎo yóu
我很高兴由您来给我们当翻译/导游。

ການມາເທື່ອນີ້ກໍຍັງສະດວກສະບາຍຢູ່.

yī lù shang hái suàn shùn lì
一路上还算顺利。

ຖ້າພວກຂ້າພະເຈົ້າມີບັນຫາຫຍັງຈະໄປຫາທ່ານດອກ.

wǒ men yǒu shén me shì huì qù zhǎo nín de
我们有什么事会去找您的。

ຂອບໃຈທີ່ລະມະປົກຄອງນະຄອນໄດ້ຕ້ອນຮັບພວກຂ້າພະເຈົ້າຢ່າງອົບ
ອຸ່ນ.

xiè xie shì zhèng fǔ duì wǒ men de rè qíng kuǎn dài
谢谢市政府对我们的热情款待。

ການແນະນຳ

jiè shào
介 绍

ຂໍໂທດ / ຂໍຖາມແດ່, ຊື່ແລະນາມສະກຸນຂອງທ່ານແມ່ນຫຍັງ?
duì bu qǐ   qǐng wèn nín zūn xìng dà míng
对 不 起 , 请 问 您 尊 姓 大 名 ?

ເຈົ້າຊື່ຫຍັງ (ເຈົ້າຊື່ວ່າແນວໃດ) ?
nǐ jiào shén me míng zi
你 叫 什 么 名 字 ?

ເຈົ້າຮູ້ຈັກທ່ານບຸນມີບໍ?
nǐ rèn shi bēn mǐ xiān sheng ma
你 认 识 奔 米 先 生 吗 ?

ຂ້າພະເຈົ້າຂໍແນະນຳ, ນີ້ແມ່ນນາງວິໄລວອນ ເມຍຂອງຂ້າພະເຈົ້າ.
qǐng ràng wǒ xiàng nín jiè shào wǒ de qī zi wèi lái wǎn
请 让 我 向 您 介 绍 我 的 妻 子 魏 莱 婉 。

ນີ້ແມ່ນຜົວຂອງຂ້ອຍ.
zhè shì wǒ zhàng fu
这 是 我 丈 夫 。

ຜູ້ນັ້ນແມ່ນຜູ້ເຮັດສະໜຸດບັນຊີ, ລາວເຮັດວຽກຢູ່ທະນາຄານ.
nà shì yī wèi kuài jì   tā zài yī jiā yín háng gōng zuò
那 是 一 位 会 计 , 他 在 一 家 银 行 工 作 。

ນີ້ແມ່ນທ່ານບຸນເລັດ, ເພື່ອນຮ່ວມງານຂອງຂ້ອຍ.
zhè shì wǒ de tóng shì bēn lè xiān sheng
这 是 我 的 同 事 奔 勒 先 生 。

ຂ້າພະເຈົ້າຂໍແນະນຳໃຫ້ທ່ານຮູ້ຈັກ, ນີ້ແມ່ນທ່ານບຸນເລີດແລະພັນລະຍາຂອງເພີ່ນ / ລາວ.

qǐng ràng wǒ xiàng nín jiè shào bēn lè xiān sheng hé tā de tài tai
请 让 我 向 您 介 绍 奔 勒 先 生 和他的太太。

ຂ້າພະເຈົ້າຂໍແນະນຳລະນະຜູ້ແທນການຄ້າຂອດກວາງຊີປະເທດຈີນໃຫ້ທ່ານຊາບ.

qǐng ràng wǒ xiàng nín jiè shào zhōng guó guǎng xī mào yì dài biǎo tuán chéng
请 让 我 向 您 介 绍 中 国 广 西 贸 易 代 表 团 成
yuán
员 。

ຂ້າພະເຈົ້າຂໍແນະນຳທ່ານລີ ຫົວໜ້າຄະນະຜູ້ແທນໃຫ້ທ່ານຊາບ.

qǐng yǔn xǔ wǒ xiàng nín jiè shào dài biǎo tuán tuán zhǎng lǐ xiān sheng
请 允 许 我 向 您 介 绍 代 表 团 团 长 李 先 生 。

ຂ້າພະເຈົ້າຂໍຖືເປັນກຽດແນະນຳທ່ານ × ×, ເອກອັກຄະ ລັດຖະທູດ ວິສາມັນ ຜູ້ມີອຳນາດເຕັມ ຂອງສາທາລະນະລັດ ປະຊາທິປະໄຕ ປະຊາຂົນລາວ ປະຈຳ ສາທາລະນະລັດ ປະຊາຂົນຈີນ.

wǒ róng xìng de xiàng zhū wèi jiè shào lǎo wō rén mín mín zhǔ gòng hé guó zhù
我 荣 幸 地 向 诸 位 介 绍 老 挝 人 民 民 主 共 和 国 驻
zhōng huá rén mín gòng hé guó tè mìng quán quán dà shǐ   xiān sheng
中 华 人 民 共 和 国 特 命 全 权 大 使 × × 先 生 。

ຂ້າພະເຈົ້າມີຄວາມຍິນດີແນະນຳສະມາຊິກຄະນະຜູ້ແທນການຄ້າຂອດກວາງຊີໃຫ້ທັນດາທ່ານຮູ້ຈັກ.

wǒ hěn gāo xìng xiàng dà jiā jiè shào guǎng xī mào yì dài biǎo tuán chéng yuán
我 很 高 兴 向 大 家 介 绍 广 西 贸 易 代 表 团 成 员 。

ຂ້າພະເຈົ້າສະເໜີໃຫ້ແນະນຳຕົນເອງຕາມລຳດັບທີ່ນັ່ງ.

wǒ tí yì àn zuò wèi shùn xù zuò zì wǒ jiè shào
我 提 议 按 座 位 顺 序 做 自 我 介 绍 。

ຂ້າພະເຈົ້າຂໍແນະນຳຕົນເອງ.

qǐng yǔn xǔ wǒ zuò zì wǒ jiè shào
请 允 许 我 做 自 我 介 绍 。

ຂ້າພະເຈົ້າຊື່ວ່າ ໂຈ່ວລິ, ມັກວິຊາການຄອມພິວເຕີ, ເຮັດວຽກຢູ່ບໍລິສັດ ຄອມພິວເຕີ.

wǒ jiào zhōu lì　shì diàn nǎo jì shù yuán　zài diàn nǎo gōng sī gōng zuò
我 叫 周 立 ，是 电 脑 技 术 员 ， 在 电 脑 公 司 工 作 。

ນີ້ແມ່ນນາມບັດຂອງຂ້າພະເຈົ້າ, ໃນນັ້ນມີວິທີຕິດຕໍ່ກັບຂ້າພະເຈົ້າ.

zhè shì wǒ de míng piàn　shàng miàn yǒu wǒ de lián xì fāng shì
这 是 我 的 名 片 ， 上 面 有 我 的 联 系 方 式 。

ຍິນດີຫລາຍທີ່ໄດ້ພົບກັບທ່ານ.

hěn gāo xìng jiàn dào nín
很 高 兴 见 到 您 。

ຍິນດີຫລາຍທີ່ໄດ້ຮູ້ຈັກທ່ານ.

hěn gāo xìng rèn shi nín
很 高 兴 认 识 您 。

ຄຳຕອບ

回 答

ຂ້າພະເຈົ້າຊື່ວ່າ × × .

wǒ jiào
我 叫 × × 。

ຂ້າພະເຈົ້າຮູ້ຈັກທ່ານບຸນມີ.

wǒ rèn shi bēn mǐ xiān sheng
我 认 识 奔 米 先 生 。

ພວກຂ້າພະເຈົ້າແມ່ນຄະນະຜູ້ແທນຂອງລະນະປົກຄອງເຂດປົກ ຄອງຕົນເອງຜົ່າຈ້ວງກວາງຊີ.

wǒ men shì guǎng xī zhuàng zú zì zhì qū zhèng fǔ dài biǎo tuán
我 们 是 广 西 壮 族 自 治 区 政 府 代 表 团 。

ຂ້າພະເຈົ້າກໍຍິນດີຫລາຍທີ່ໄດ້ຮູ້ຈັກທ່ານ.

néng rèn shi nín wǒ yě hěn gāo xìng
能 认 识 您 我 也 很 高 兴 。

ຄຳສັບເພີ່ມເຕີມ
补充词汇

ປະທານ 主席 ・ ປະທານາທິບໍດີ 总统

ເລຂາທິການ 书记 ・ ເລຂາທິການໃຫຍ່ 总书记

ນາຍົກລັດຖະມົນຕີ 总理，首相 ・ ຮອງນາຍົກລັດຖະມົນຕີ 副总理

ລັດຖະມົນຕີ 部长 ・ ຮອງລັດຖະມົນຕີ 副部长

ກະຊວງການຕ່າງປະເທດ 外交部 ・ ກະຊວງການເງິນ 财政部

ກະຊວງຍຸຕິທຳ 司法部 ・ ກະຊວງການຄ້າ 贸易部

ກະຊວງສຶກສາທິການ 教育部 ・ ກະຊວງປ້ອງກັນປະເທດ 国防部

ເຈົ້າແຂວງ 省长 ・ ຄະນະພັກແຂວງ 省级党委

ອົງການປົກຄອງແຂວງ 省政府 ・ ເລຂາຄະນະພັກແຂວງ 省委书记

ອົງການປົກຄອງນະຄອນ 市政府 ・ ຄະນະພັກນະຄອນ 市委

ເຈົ້າຄອງນະຄອນ 市长 ・ ເລຂາຄະນະພັກນະຄອນ 市委书记

ອົງການປົກຄອງເມືອງ 县政府 ・ ຄະນະພັກເມືອງ 县级党委

ເຈົ້າເມືອງ 县长 ・ ເລຂາຄະນະພັກເມືອງ 县委书记

ຄະນະບ້ານ 乡委会，村委会 ・ ນາຍບ້ານ 乡长，村委会主任

ສະຖານທູດ 使馆 ・ ເອກອັກຄະລັດຖະທູດ 大使（对共和制国家）

ເອກອັກຄະລາຊະທູດ 大使（对君主制国家）

ອັກຄະລັດຖະທູດ 公使（对共和制国家）

ອັກຄະລາຊະທູດ 公使（对君主制国家） ・ ທີ່ປຶກສາທູດ 参赞

ທີ່ປຶກສາທູດການເມືອງ 政治参赞 ・ ທີ່ປຶກສາທູດວັດທະນະທຳ 文化参赞

ທີ່ປຶກສາທູດການຄ້າ 商务参赞 ・ ທີ່ປຶກສາທູດການທະຫານ 武官

ເລຂາທີໜຶ່ງ（ເອກ）一等秘书 ・ ເລຂາທີສອງ（ໂທ）二等秘书

ເລຂາທີສາມ（ຕີ）三等秘书

ອຳລາ / ລາຈາກ
cí bié
辞 别

ຂ້ອຍຈະໄປລະເດີ.
wǒ yào zǒu le
我 要 走 了。

ຂ້ອຍຈະເມືອແລ້ວ.
wǒ yào huí qù le
我 要 回 去 了。

ຂ້ອຍຢາກອຳລາແລ້ວ.
wǒ yào gào cí le
我 要 告 辞 了。

ຂ້າພະເຈົ້າບໍ່ຢາກໃຊ້ທ່ານເສຍເວລາແລ້ວ.
wǒ bù xiǎng zhàn yòng nín de shí jiān le
我 不 想 占 用 您 的 时 间 了。

ຖ້າທ່ານບໍ່ມີວຽກຫຍັງ, ຂ້າພະເຈົ້າກໍຈະໄປແລ້ວ.
rú guǒ nín méi yǒu shén me shì   wǒ xiān zǒu le
如 果 您 没 有 什 么 事 , 我 先 走 了。

ຂ້ອຍໄປລະເດີ/ກ່ອນນີ້ !
wǒ zǒu le
我 走 了 !

ພວກເຮົາຂໍລາຢູ່ນີ້ແລ້ວ!
wǒ men jiù cǐ gào bié ba
我 们 就 此 告 别 吧 !

ຂ້ອຍຈະສົ່ງເຈົ້າໄປรอดสะຖานิ (ถือ) ลิถเม.

wǒ sòng nín dào qì chē zhàn

我 送 您 到 汽 车 站 。

ຂ້ອຍຈະສົ່ງເຈົ້າໄປรอดปะตู.

ràng wǒ sòng nǐ dào mén kǒu

让 我 送 你 到 门 口 。

ພວກເຮົາຈะไปสົ່ງຄะบะผู้แทนลาวທີ่ເถิ่มยิ่ม.

wǒ men dào jī chǎng wèi lǎo wō dài biǎo tuán sòng xíng

我 们 到 机 场 为 老 挝 代 表 团 送 行 。

ພົບກັນໃໝ່!

zài jiàn

再 见 !

ຈົ່ງຄ່ອຍພົບກັນໃໝ່!

huí tóu jiàn

回 头 见 !

ບຶດຄຽอພົບກັນໃໝ່!

yī huìr jiàn

一 会 儿 见 !

ເທື່ອໜ້າພົບກັນໃໝ່!

xià cì jiàn

下 次 见 !

ພົບກັນໃໝ່ໃນตอบแลงມື້ນີ້!

jīn wǎn jiàn

今 晚 见 !

ພວກເຮົาจะพົບກັนໃໝ່ມື້ອື່ນ / ອັນເສົາ.

zán men míng tiān xīng qī liù jiàn

咱 们 明 天 / 星 期 六 见 。

ต่ไปພວກເຮົาจะພ້อพັบກັนโดยอิเมอ (E-Mail).

jīn hòu wǒ men tōng guò diàn zǐ yóu jiàn lián xì

今 后 , 我 们 通 过 电 子 邮 件 联 系 。

จั่งไปดี / โชกดี / ปอดไพ !

qǐng zǒu hǎo
请 走 好 ！

ການເຊື້ອເຊີນ

yāo qǐng
邀 请

ອອກຄຳເຊື້ອເຊີນ

fā chū yāo qǐng
发 出 邀 请

ວັນອາທິດນີ້ ເຈົ້າມີເວລາວ່າງບໍ?
xīng qī tiān nǐ yǒu kòng ma
星 期 天 你 有 空 吗？

ມື້ອື່ນເຈົ້າມີວຽກຫຍັງບໍ?
míng tiān nǐ yǒu shén me shì ma
明 天 你 有 什 么 事 吗？

ວັນກຳມະກອນສາກົນເຈົ້າມີແຜນການຫຍັງບໍ?
wǔ yī jié nǐ yǒu shén me ān pái ma
五 一 节 你 有 什 么 安 排 吗？

ຫວ່າງມໍ່ໆນີ້ ມີແຜນການຫຍັງບໍ?
zuì jìn yǒu shén me ān pái ma
最 近 有 什 么 安 排 吗？

ທ່ານຜູ້ອຳນວຍການຢາກເຊີນທ່ານໄປກິນເຂົ້າແລງຢູ່ເຮືອນຂອງເພິ່ນ.
jīng lǐ xiǎng qǐng nín dào tā jiā chī wǎn fàn
经 理 想 请 您 到 他 家 吃 晚 饭。

ເຈົ້າຄອງນະຄອນຈະເຊີນທ່ານໄປກິນເຂົ້າຢູ່ໂຮງແຮມສາກົນ.
shì zhǎng yào zài guó jì dà jiǔ diàn yàn qǐng nín
市 长 要 在 国 际 大 酒 店 宴 请 您。

ມາກິນເຂົ້າທ່ຽງຢູ່ເຮືອນຂ້ອຍແມ້!
dào wǒ jiā lái chī wǔ fàn ba
到 我 家 来 吃 午 饭 吧 !

ເຈົ້າຍິນດີໄປຟັງດົນຕີກັບຂ້ອຍບໍ?
nǐ yuàn yì hé wǒ yī qǐ qù tīng yīn yuè huì ma
你 愿 意 和 我 一 起 去 听 音 乐 会 吗 ?

ໄປເບິ່ງຮູບເງົານຳກັນນໍ!
yī qǐ qù kàn diàn yǐng ba
一 起 去 看 电 影 吧 !

ພວກເຮົາໄປຕີດອກປິກໄກ່ບໍ?
wǒ men qù dǎ yǔ máo qiú hǎo ma
我 们 去 打 羽 毛 球 好 吗 ?

ມາກິນເບຍຈັກຈອກແມ້!
lái hē yī bēi pí jiǔ ba
来 喝 一 杯 啤 酒 吧 !

ການຮັບຄຳເຊື້ອເຊີນ
jiē shòu yāo qǐng
接 受 邀 请

ເຈົ້າ! ໄດ້.
hǎo de
好 的。

ຂ້ອຍຍິນດີຮັບເອົາຄຳເຊື້ອເຊີນຂອງເຈົ້າ!
wǒ hěn lè yì jiē shòu nǐ de yāo qǐng
我 很 乐 意 接 受 你 的 邀 请 !

ຄັນຊັ້ນກໍດີຢູ!
nà yě hǎo
那 也 好 !

ນີ້ແມ່ນຂໍ້ຄິດເຫັນທີ່ດີ!
zhè shì gè hǎo zhǔ yi
这 是 个 好 主 意 !

ເຈົ້າ, ເຫັນດີ.
hǎo   wǒ tóng yì
好 , 我 同 意 。

ເຫັນດີເຫັນພ້ອມ!
wán quán tóng yì
完 全 同 意 !

ເລື່ອງດີປານນີ້ແລ້ວ, ຈະມີໃຜອີກບໍ່ເຫັນດີເຮັດ?
hé lè ér bù wéi ne
何 乐 而 不 为 呢 ?

ປະຕິເສດການເຊື້ອເຊີນ
jù jué yāo qǐng
拒 绝 邀 请

ຂອບໃຈ, ແຕ່ມື້ນີ້ຂ້ອຍບໍ່ມີເວລາວ່າງ!
xiè xie   wǒ jīn tiān méi yǒu kòng
谢 谢 , 我 今 天 没 有 空 !

ໜ້າເສຍດາຍທີ່ພວກເຮົາບໍ່ສາມາດຮັບຄຳເຊື້ອເຊີນໄດ້!
hěn yí hàn   wǒ men bù néng jiē shòu yāo qǐng
很 遗 憾 , 我 们 不 能 接 受 邀 请 !

ຂໍໂທດ, ຂ້ອຍຍັງມີວຽກອີກ!
duì bu qǐ   wǒ hái yǒu shì
对 不 起 , 我 还 有 事 !

ຂອບໃຈ, ແຕ່ຂ້ອຍໄປບໍ່ໄດ້!

xiè xie　dàn wǒ qù bù liǎo

谢 谢 ，但 我 去 不 了 ！

ຂ້ອຍບໍ່ຢາກໄປແທ້ໆໄດ້!

wǒ zhēn de bù xiǎng qù

我 真 的 不 想 去 ！

ຖາມຂ່າວ

wèn xùn
问 讯

ຂໍໂທດ ທ່ານສິນໄຊມາກການແລ້ວບໍ?
qǐng wèn xìn sài xiān sheng lái shàng bān le ma
请 问 信 赛 先 生 来 上 班 了 吗 ?

ຂໍໂທດ, ສູນກາງໄປສະນີ (ໄປສະນີກາງ) ຢູ່ໃສ?
duì bu qǐ   yóu zhèng zhōng xīn zài nǎ lǐ
对 不 起 , 邮 政 中 心 在 哪 里 ?

ຂໍຖາມແດ່, ຕະຫລາດເຊົ້າໄຂປະຕູຈັກໂມງ?
qǐng wèn dá là shào shì chǎng   zǎo shì   jǐ diǎn zhōng kāi mén
请 问 达 腊 邵 市 场 （ 早 市 ）几 点 钟 开 门 ?

ຂໍໂທດ, ຖ້າງ (ຮ້ານ) ຂາຍເກີບ / ເສື້ອສຳເລັດຮູບຢູ່ໃສ?
qǐng wèn xié lèi guì tái   chéng yī guì tái zài nǎ lǐ
请 问 鞋 类 柜 台 / 成 衣 柜 台 在 哪 里 ?

ຂໍຖາມແດ່, ໄປສະຖານທູດຈີນ ຈະໄປທາງໃດ?
qǐng wèn dào zhōng guó dà shǐ guǎn zěn me zǒu
请 问 到 中 国 大 使 馆 怎 么 走 ?

ຂໍຖາມແດ່, ໄປຖະຫນົນເສດຖາທິລາດຈະໄປທາງໃດ?
qǐng wèn dào xiè tǎ tí là lù zěn me zǒu
请 问 到 榭 塔 提 腊 路 怎 么 走 ?

ຂໍຖາມແດ່, ໄປສະຖານີ (ຄີວ) ລົດເມຈະໄປທາງໃດ?
qǐng wèn dào qì chē zhàn zěn me zǒu
请 问 到 汽 车 站 怎 么 走 ?

ຂໍໂທດ, ໄປທາດຫລວງແມ່ນໄປທາງນີ້ບໍ?
duì bu qǐ　　dào tǎ luán shì cóng zhè lǐ zǒu ma
对 不 起 , 到 塔 銮 是 从 这 里 走 吗 ?

ຫ່າງຈາກນີ້ໄກບໍ?
lí zhèr　　yuǎn ma
离 这 儿 远 吗 ?

ສະຖານີລົດເມທີ່ໃກ້ສຸດຢູ່ໃສ?
zuì jìn de yī gè qì chē zhàn zài nǎr
最 近 的 一 个 汽 车 站 在 哪 儿 ?

ຍົນ / ລົດເມຈະມາຮອດຈັກໂມງ?
fēi jī　　qì chē jǐ diǎn zhōng dào dá
飞 机 / 汽 车 几 点 钟 到 达 ?

ຍົນລົງສູ່ເດິ່ນ (ສະໜາມ) ຍົນແລ້ວບໍ?
fēi jī shì fǒu yǐ jīng zhuó lù
飞 机 是 否 已 经 着 陆 ?

ລົດເມມາຮອດສະຖານີແລ້ວບໍ?
qì chē jìn zhàn le ma
汽 车 进 站 了 吗 ?

ລົດໄຟມາຮອດສະຖານີ (ຄື) ແລ້ວບໍ?
huǒ chē dào zhàn le ma
火 车 到 站 了 吗 ?

ຫ້ອງນ້ຳ / ຫ້ອງອະນາໄມ / ຫ້ອງສຸຂາຢູ່ໃສ?
xǐ shǒu jiān zài nǎr
洗 手 间 在 哪 儿 ?

ຮູບເງົາຮອບນີ້ຈະເລີ່ມເວລາໃດ?
zhè chǎng diàn yǐng jǐ diǎn kāi shǐ
这 场 电 影 几 点 开 始 ?

ຢູ່ນີ້ໂທລະສັບໄປຕ່າງປະເທດໄດ້ບໍ?
zhèr　　néng wǎng guó wài dǎ diàn huà ma
这 儿 能 往 国 外 打 电 话 吗 ?

ບ່ອນຂາຍປີ້ລົດເມຢູ່ໃສ?
nǎr   yǒu qì chē piào mài
哪 儿 有 汽 车 票 卖 ?

ຢູ່ນີ້ມີບັດໂທລະສັບຂາຍບໍ?
zhèr   yǒu diàn huà kǎ mài ma
这 儿 有 电 话 卡 卖 吗 ?

ຄຳຕອບ

回 答

ຂ້ອຍບໍ່ໄດ້ຮູ້ຈັກປານໃດ.
wǒ bù qīng chu
我 不 清 楚 。

ຂ້ອຍບໍ່ແມ່ນຄົນທ້ອງຖິ່ນນີ້ / ຂ້ອຍບໍ່ໄດ້ຢູ່ຄຸ້ມນີ້.
wǒ bù shì běn dì rén   wǒ bù zhù zài zhè ge qū
我 不 是 本 地 人 / 我 不 住 在 这 个 区 。

ມີທ້ອງນ້ຳທຸກຊັ້ນ.
měi céng lóu dōu yǒu xǐ shǒu jiān
每 层 楼 都 有 洗 手 间 。

ໄປຕາມຖະໜົນສາຍນີ້.
yán zhe zhè tiáo jiē zǒu
沿 着 这 条 街 走 。

ໄປຕາມຖະໜົນສາຍທີສອງ ທີ່ຢູ່ເບື້ອງຂວາ.
yán zhe yòu bian de dì èr tiáo jiē zǒu
沿 着 右 边 的 第 二 条 街 走 。

ແລ້ວຍ່າງໄປເລີຍ.
rán hòu yī zhí zǒu
然 后 一 直 走 。

ສະຖານີ (ຄື) ລົດເມຢູ່ໃກ້ກັບຕະຫຼາດດາຂ້ຳ.
qì chē zhàn zài dá là shào shì chǎng fù jìn
汽 车 站 在 达 腊 邵 市 场 附 近 。

ສູນກາງໄປສະນີຢູ່ເບື້ອງຂວາ.

yóu zhèng zhōng xīn zài yòu bian
邮 政 中 心 在 右 边 。

ບ່ອນທີ່ທ່ານຢອກຫານັ້ນຢູ່ນີ້ແຫລະ.

nín yào zhǎo de dì fang dào le
您 要 找 的 地 方 到 了 。

ຍ່າງ 10 ນາທີກໍຮອດ.

zǒu　　fēn zhōng de lù jiù dào le
走 10 分 钟 的 路 就 到 了 。

ທ່າງຈາກນີ້ 5 ກິລັງ.

lí zhè lǐ yǒu　 qiān mǐ
离 这 里 有 5 千 米 。

ສະແດງຄວາມຂອບໃຈ

zhì xiè
致 谢

ຂອບໃຈ!
xiè xie
谢谢！

ຂອບໃຈຫລາຍໆ.
shí fēn gǎn xiè
十分感谢。

ຂອບໃຈນຳທ່ານທີ່ມອບຂອງຂວັນ / ທີ່ທ່ານມາຢ້ຽມຢາມ.
xiè xie nín de lǐ wù nín de lái fǎng
谢谢您的礼物 / 您的来访。

ຂອບໃຈທີ່ທ່ານໄດ້ເຊື້ອເຊີນ / ທີ່ທ່ານໃຫ້ການຕ້ອນຮັບ.
xiè xie nín de yāo qǐng nín de kuǎn dài
谢谢您的邀请 / 您的款待。

ຂອບໃຈນຳທ່ານທີ່ໄດ້ໃຫ້ການຊ່ວຍເຫລືອຢ່າງຈິງໃຈ.
xiè xie nín de rè xīn bāng zhù
谢谢您的热心帮助。

ຂອບໃຈນຳທ່ານຫລາຍໆ.
wǒ fēi cháng gǎn xiè nín
我非常感谢您。

ຂ້າພະເຈົ້າຈະຈາລຶກບຸນຄຸນຂອງທ່ານຕະຫລອດຊີວິດ.
nín de ēn qíng wǒ yǒng yuǎn míng jì zài xīn zhōng
您的恩情我永远铭记在心中。

ຂອບໃຈນຳທ່ານຫລາຍໆ.

tài gǎn xiè nín le
太 感 谢 您 了 。

ບໍ່ຮູ້ວ່າຊິຂອບໃຈແນວໃດຈິ່ງສົມຄວນ.

zhēn bù zhī dào zěn me gǎn xiè nǐ cái hǎo
真 不 知 道 怎 么 感 谢 你 才 好 。

ຂໍສະແດງຄວາມຂອບໃຈນຳພວກທ່ານທີ່ໄດ້ໃຫ້ການຕ້ອນຮັບຢ່າງອົບອຸ່ນ.

gǎn xiè nǐ men de shèng qíng kuǎn dài
感 谢 你 们 的 盛 情 款 待 。

ຂໍສະແດງຄວາມຂອບອຶກຂອບໃຈຢ່າງຈິງໃຈທີ່ພວກທ່ານໄດ້ເຊື້ອເຊີນ.

duì nǐ men de yāo qǐng   jǐn biǎo shì chéng zhì de xiè yì
对 你 们 的 邀 请 ， 谨 表 示 诚 挚 的 谢 意 。

ໃນນາມຂະນະຜູ້ແທນ, ຂ້າພະເຈົ້າຂໍສະແດງຄວາມຂອບໃຈນຳພວກ
ທ່ານທີ່ໄດ້ຈັດວາງການທັດສະນາຈອນເທື່ອນີ້.

wǒ yǐ dài biǎo tuán de míng yì gǎn xiè nǐ men zǔ zhī de zhè cì cān guān
我 以 代 表 团 的 名 义 感 谢 你 们 组 织 的 这 次 参 观 。

ຂ້າພະເຈົ້າຂໍສະແດງຄວາມຂອບໃຈຫຼາຍໆ ທີ່ທ່ານໄດ້ສົ້ນເປືອງ
ຫ້ອຄິດປັນຍາ ນຳອຽກຂ້າພະເຈົ້າ.

nín wèi wǒ de shì fèi xīn   duì cǐ wǒ shí fēn gǎn xiè
您 为 我 的 事 费 心 ， 对 此 我 十 分 感 谢 。

ຄຳຕອບ

ບໍ່ເປັນຫຍັງ.

méi guān xi   bù yòng xiè
没 关 系 / 不 用 谢 。

ບໍ່ເປັນຫຍັງ.

méi shén me
没 什 么 。

ຄວນເຮັດແນວນີ້.

zhè shì yīng gāi de
这 是 应 该 的 。

ບໍ່ເປັນຫຍັງ, ຢ່າຈຣນໃຈ.

bù yòng xiè   bié kè qi
不 用 谢 , 别 客 气 。

ຍິນດີຮັບໃຊ້ທ່ານ.

wǒ yuàn yì wèi nín xiào láo
我 愿 意 为 您 效 劳 。

ທ່ານຍ້ອງຍໍເກີນໄປແລ້ວ.

nín guò jiǎng le
您 过 奖 了 。

ເລື່ອງເລັກໆນ້ອຍໆປານນີ້ ຂ້ໄປເອີ່ຍເຖິງເຮັດຫຍັງ.

xiǎo shì yī zhuāng   bù zú guà chǐ
小 事 一 桩 ， 不 足 挂 齿 。

ຂໍໂທດ / ຂໍອະໄພ / ຂໍອະໄພໂທດ

dào qiàn　　yuán liàng
道 歉 , 原 谅

ຂໍໂທດແດ່ເດີ້!
duì bu qǐ
对 不 起 !

ຂໍອະໄພແດ່ເດີ້!
qǐng yuán liàng
请 原 谅 !

ຂໍໂທດ, ຂ້ອຍບໍ່ແມ່ນຕັ້ງແກ້ງເຮັດ.
duì bu qǐ　　wǒ bù shì gù yì de
对 不 起 , 我 不 是 故 意 的 。

ຂໍໂທດທີ່ຂ້າພະເຈົ້າມາລົບກວນທ່ານ.
qǐng yuán liàng wǒ dǎ rǎo nín le
请 原 谅 我 打 扰 您 了 。

ຂໍໂທດທີ່ຂ້ອຍບໍ່ໄດ້ໄປຕາມນັດ.
qǐng yuán liàng wǒ méi néng fù yuē
请 原 谅 我 没 能 赴 约 。

ຂໍໂທດທີ່ຂ້ອຍປະໝາດ.
qǐng yuán liàng wǒ de dà yi
请 原 谅 我 的 大 意 。

ຂໍໂທດທີ່ຂ້ອຍມາຊ້າແລ້ວ.
qǐng yuán liàng wǒ chí dào le
请 原 谅 我 迟 到 了 。

ຂ້າພະເຈົ້າຂໍອະໄພໂທດນຳທ່ານ.

wǒ xiàng nín péi lǐ dào qiàn

我 向 您 赔礼 道 歉 。

ຂໍໂທດທີ່ໃຫ້ທ່ານຖ້າດົນແລ້ວ.

duì bu qǐ ràng nín jiǔ děng le

对 不 起 , 让 您 久 等 了 。

ຂໍໂທດ, ຂ້ອຍຊ່ອຍເຈົ້າບໍ່ໄດ້.

duì bu qǐ wǒ bù néng bāng nǐ de máng

对 不 起 , 我 不 能 帮 你 的 忙 。

ຂ້າພະເຈົ້າເສຍໃຈຫລາຍທີ່ຕອບສະຫນອງຄວາມຕ້ອງການຂອງທ່ານບໍ່ໄດ້.

wǒ hěn yí hàn bù néng mǎn zú nín de yāo qiú

我 很 遗 憾 不 能 满 足 您 的 要 求 。

ຄຳຕອບ

 回 答

ບໍ່ເປັນຫຍັງ!

bù ài shì méi guān xi

不 碍 事 / 没 关 系 !

ຢ່າຈຸມໃຈ!

bù kè qi

不 客 气 !

ນີ້ບໍ່ແມ່ນຄວາມຜິດຂອງທ່ານ.

zhè bù shì nín de cuò

这 不 是 您 的 错 。

ອວຍພອນ

zhù yuàn
祝 愿

ຈົ່ງຫຼິ້ນໃຫ້ມ່ວນໆເດີ້!
hǎo hǎo wán ba
好 好 玩 吧！

ຈົ່ງນອນຫຼັບຝັນດີເດີ້!
hǎo hǎo shuì ba
好 好 睡 吧！

ຈົ່ງພັກຜ່ອນໃຫ້ດີໆເດີ້!
hǎo hǎo xiū xi
好 好 休 息！

ເຊີນແຊບສາ!
zhù nǐ wèi kǒu hǎo
祝 你 胃 口 好！

ຈົ່ງໄດ້ຕາມປາຖະຫນາເດີ້!
wàn shì rú yì
万 事 如 意！

ຂໍອວຍພອນ ໃຫ້ໂຊກໃຫ້ຫມານ / ຂໍໃຫ້ໂຊກໃຫ້ລາບ!
gōng xǐ fā cái
恭 喜 发 财！

ສະບາຍດີປີໃໝ່!
gōng hè xīn xǐ
恭 贺 新 禧！

ໂຊກດີປີໃໝ່!
xīn nián hǎo
新 年 好！

ສຸກສັນວັນເກີດ!
shēng rì kuài lè
生 日 快 乐！

ຂ້ອຍຜອມໃຫ້ທ່ານຈົ່ງອາຍຸໝັ້ນຂວັນຢືນ!
zhù nín cháng shòu
祝 您 长 寿！

ຈົ່ງໂຊກດີ!
zhù nǐ hǎo yùn
祝 你 好 运！

ຈົ່ງດີຄືນໄວໆ / ຈົ່ງຫາຍປ່ວຍຫາຍເຈັບໄວໆ!
zhù zǎo rì kāng fù
祝 早 日 康 复！

ຈົ່ງໄປດີ!
zǒu hǎo
走 好！

ຈົ່ງໄປດີມາຮອດ / ລອດຝັ່ງມາເຖິງ!
yī lù píng ān
一 路 平 安！

ຂ້ອຍຜອມລ່ວງໜ້າໃຫ້ງານມະຫະກຳເທື່ອນີ້ໄດ້ຮັບໝາກຜົນອັນເຕັມ
ເມັດເຕັມໜ່ວຍ!
yù zhù bó lǎn huì qǔ dé yuán mǎn chéng gōng
预 祝 博 览 会 取 得 圆 满 成 功！

ກິ່ນເຫລົ້າອວຍພອນ

zhù   jiǔ
祝 酒

ກ່ອນອື່ນ, ຂ້າພະເຈົ້າຂໍຕາງຫນ້າອົງການປົກຄອງນະຄອນ ສະແດງ
ຄວາມຍິນດີຕ້ອນຮັບຢ່າງອົບອຸ່ນຕໍ່ຄະນະຜູ້ແທນລາວ.

shǒu xiān   qǐng yǔn xǔ wǒ dài biǎo shì zhèng fǔ xiàng lǎo wō dài biǎo tuán biǎo shì
首 先 ，请 允 许 我 代 表 市 政 府 向 老 挝 代 表 团 表 示

rè liè huān yíng
热 烈 欢 迎 。

ຂ້າພະເຈົ້າຂໍອວຍພອນໃຫ້ການຢ້ຽມຢາມຂອງພວກທ່ານ ຈົ່ງບັນລຸຜົນ
ສຳເລັດອັນຈົບງາມ.

wǒ zhōng xīn zhù yuàn nǐ men de fǎng wèn qǔ dé yuán mǎn chéng gōng
我 衷 心 祝 愿 你 们 的 访 问 取 得 圆 满 成 功 。

ຂ້າພະເຈົ້າຂໍອວຍພອນໃຫ້ພວກທ່ານຈົ່ງສະບາຍອົກສະບາຍໃຈໃນ
ເວລາຢູ່ປະເທດຈີນ.

wǒ zhù yuàn nǐ men zài zhōng guó shēng huó yú kuài
我 祝 愿 你 们 在 中 国 生 活 愉 快 。

ເຊິນພວກທ່ານເທຍັ້ມເຫລົ້າໃສ່ຈອກໃຫ້ເຕັມແລະຍົກຈອກ.

qǐng zhū wèi bǎ jiǔ zhēn mǎn   jǔ bēi
请 诸 位 把 酒 斟 满 ，举 杯。

ເພື່ອແຜນການຂອງພວກເຮົາຈັບລຸຄົບສຳເລັດ,
wèi wǒ men jì huà de chéng gōng
为 我 们 计 划 的 成 功 ,

ເພື່ອສຸຂະພາບຂອງບັນດາທ່ານ,
wèi nǐ men   nín   de jiàn kāng
为 你 们 （ 您 ） 的 健 康 ,

ເພື່ອມິດຕະພາບລະຫວ່າງພວກເຮົາ,
wèi wǒ men de yǒu yì
为 我 们 的 友 谊 ,

ເພື່ອການຮ່ວມມືລະຫວ່າງວິສາຫະກິດທັງສອງຂອງພວກເຮົາໃຫ້ໄດ້
ຮັບການປັບປຸງແລະຂະຫຍາຍຕໍ່ເລື້ອຍໆ,
wèi wǒ men liǎng jiā qǐ yè zhī jiān de hé zuò bù duàn gǒng gù hé fā zhǎn
为 我 们 两 家 企 业 之 间 的 合 作 不 断 巩 固 和 发 展 ,

ຫມົດ!
gān bēi
干 杯 !

ການເອີ້ຍຍົກຍ້ອງ

gōng wéi
恭 维

ສີໜ້າຂອງທ່ານສົດຊື່ນດີຫລາຍ.

nín de qì sè hěn hǎo

您 的 气 色 很 好 。

ມື້ນີ້ທ່ານມີກຳລັງວັງຂາດີກັກຕັກດີ.

nín jīn tiān zhēn jīng shen

您 今 天 真 精 神 。

ຊົງຜົມຂອງເຈົ້າງາມຊື່ຫລີ / ຊົງຜົມຂອງເຈົ້າເຮັດໃຫ້ເຈົ້າໜຸ່ມຂຶ້ນ.

nǐ de fà shì hěn hǎo   shǐ nǐ gèng nián qīng le

你 的 发 式 很 好 / 使 你 更 年 轻 了 。

ເສື້ອຂອງເຈົ້າຄຸນນະພາບດີຫລາຍ / ງາມຫລາຍ.

nǐ de yī fu zhēn gāo dàng   hǎo kàn

你 的 衣 服 真 高 档 / 好 看 。

ຂ້ອຍມັກສິ້ນ / ກະໂປ່ງ / ເສື້ອແຂນສັ້ນຂອງເຈົ້າຫລາຍ, ມັນເໝາະກັບ

ເຈົ້າດີ, ເໝາະກັບອຸປະນິໄສຂອງເຈົ້າຫລາຍ.

wǒ hěn xǐ huan nǐ de tǒng qún   qún zi   duǎn xiù yī   nǐ chuān zhe hěn hé

我 很 喜 欢 你 的 筒 裙 / 裙 子 / 短 袖 衣 , 你 穿 着 很 合

shì   yǔ nǐ de qì zhì hěn xiāng pèi

适 ， 与 你 的 气 质 很 相 配 。

ຮູບຖ່າຍແຜ່ນນີ້ ງາມອິ່ຫຼີ!
duō piào liang de zhào piàn
多 漂 亮 的 照 片 !

ທິວທັດແຫ່ງນີ້ ງາມອິ່ຫຼີ!
duō měi de fēng jǐng a
多 美 的 风 景 啊 !

ປອກແຂນຂອງເຈົ້າທັງຄີທັງງາມອິ່ຫຼີ!
nǐ de shǒu zhuó zhēn hǎo kàn
你 的 手 镯 真 好 看 !

ຄໍຕອບ

回 答

ຂອບໃຈ!
xiè xie
谢 谢 !

ຂອບໃຈຫຼາຍໆ!
shí fēn gǎn xiè
十 分 感 谢 !

ໄປຣ່ວມພິທີໄວ້ອາໄລຜູ້ທີ່ເຖິງແກ່ກຳ

diào   yàn
吊 唁

ໃນເວລາທ່ານ × × ເຖິງແກ່ກຳໄປນັ້ນ, ພວກເຮົາໄດ້ຝາກຈົດໝາຍ
ສະແດງຄວາມເສົ້າສະຫລົດໃຈໄປຍັງຄອບຄົວເພິ່ນ.

zài   xiān sheng qù shì zhī hòu   wǒ men xiàng qí jiā rén fā qù le diào yàn
在 × × 先 生 去 世 之 后 , 我 们 向 其 家 人 发 去 了 吊 唁
xìn
信 。

ຂ້າພະເຈົ້າຂໍສະເໜີ ບັນດາທ່ານກົ້ມຫົວໄວ້ອາໄລຫນຶ່ງນາທີຕໍ່ຄວາມທີ່
ທ່ານ × × ເຖິງແກ່ກຳໄປ.

            xiān sheng bù xìng shì shì   wǒ jǐn qǐng gè wèi wèi tā mò āi yī fēn
× × 先 生 不 幸 逝 世 , 我 谨 请 各 位 为 他 默 哀 一 分
zhōng
钟 。

ພວກເຮົາຮູ້ສຶກເສົ້າສະຫລົດໃຈຫລາຍທີ່ທ່ານ × × ເຖິງແກ່ກຳໄປ.

duì yú   xiān sheng de shì shì   wǒ men shēn gǎn bēi tòng
对 于 × × 先 生 的 逝 世 , 我 们 深 感 悲 痛 。

ຂ້າພະເຈົ້າຮູ້ສຶກເສົ້າສະຫລົດໃຈຫລາຍທີ່ພໍ່ຂອງທ່ານເຖິງແກ່ກຳໄປ.

lìng zūn dà rén qù shì   wǒ shēn gǎn bēi tòng
令 尊 大 人 去 世 , 我 深 感 悲 痛 。

ຂ້າພະເຈົ້າຍິນດີແບ່ງເບົາຄວາມໂສກເສົ້າຂອງທ່ານ.

wǒ yuàn yì fēn dān nín de bēi shāng
我 愿 意 分 担 您 的 悲 伤 。

ຂ້າພະເຈົ້າເສົ້າສະຫລົດໃຈຫລາຍທີ່ທ່ານເສຍຍາດພີ່ນ້ອງ.

wǒ duì nín shī qù qīn rén gǎn dào shí fēn bēi tòng

我 对 您 失 去 亲 人 感 到 十 分 悲 痛 。

ຂ້າພະເຈົ້າຂໍສະແດງຄວາມເສົ້າສະຫລົດໃຈມາຍັງທ່ານ.

wǒ biǎo shì āi dào

我 表 示 哀 悼 。

ຂໍສະແດງຄວາມເຫັນອົກເຫັນໃຈຢ່າງຈິງໃຈ.

jǐn biǎo shì chéng zhì de wèi wèn

谨 表 示 诚 挚 的 慰 问 。

ຂໍຝາກຄວາມເຫັນອົກເຫັນໃຈມາຍັງພັນລະຍາຂອງທ່ານ ×× .

qǐng xiàng   xiān sheng de fū rén zhuǎn dá wǒ de wèi wèn

请 向 ×× 先 生 的 夫 人 转 达 我 的 慰 问 。

ຄຳຕອບ

ຂອບໃຈ.

xiè xie

谢 谢 。

ຂອບໃຈພວກທ່ານທີ່ໄດ້ໃຫ້ຄວາມອົບອຸ່ນແກ່ຂ້າພະເຈົ້າ.

wǒ hěn gǎn xiè nǐ men de wèi wèn

我 很 感 谢 你 们 的 慰 问 。

ການມອບຂອງຂວັນ

sòng lǐ
送 礼

ຂ້າພະເຈົ້າຕາງໜ້າຄະນະຜູ້ແທນຂໍມອບຂອງຂວັນອັນນີ້ໃຫ້ແກ່ທ່ານ.

wǒ yǐ dài biǎo tuán de míng yì xiàng nín zèng sòng zhè jiàn lǐ wù
我 以 代 表 团 的 名 义 向 您 赠 送 这 件 礼 物 。

ຂໍມອບດອກໄມ້ນີ້ / ຂອງຂວັນນ້ອຍໆນີ້ໃຫ້ແກ່ທ່ານ.

zhè shì gěi nín de xiān huā xiǎo lǐ wù
这 是 给 您 的 鲜 花 / 小 礼 物 。

ຂ້າພະເຈົ້າມີຂອງຂວັນນ້ອຍໆ / ມີດອກໄມ້ທີ່ຈະມອບໃຫ້ທ່ານ.

wǒ yǒu xiǎo lǐ wù xiān huā sòng gěi nín
我 有 小 礼 物 / 鲜 花 送 给 您 。

ຂ້າພະເຈົ້າມີເຄື່ອງທີ່ລະລຶກນ້ອຍໆຈະມອບໃຫ້ທ່ານ.

wǒ yào sòng nín yī jiàn xiǎo xiǎo de jì niàn pǐn
我 要 送 您 一 件 小 小 的 纪 念 品 。

ອາຈານບຸນມີ, ອັນນີ້ມອບໃຫ້ອາຈານ.

bēn mǐ lǎo shī zhè shì zèng sòng gěi nín de
奔 米 老 师 , 这 是 赠 送 给 您 的 。

ຂ້ອຍຄິດວ່າເຈົ້າຄົງຈະມັກ.

wǒ xiǎng nǐ huì xǐ huan de
我 想 你 会 喜 欢 的 。

ຂ້ອຍຂໍມອບຂະໜົມເຄັກເປັນຂອງຂວັນວັນເກີດຂອງເຈົ້າ.

wǒ gěi nǐ sòng dàn gāo zuò wéi shēng rì lǐ wù
我 给 你 送 蛋 糕 作 为 生 日 礼 物 。

ຄຳຕອບ

回 答

ຂ້ອຍຂໍຂອບໃຈນຳເຈົ້າຫລາຍໆ.

tài gǎn xiè nǐ le

太 感 谢 你 了 。

ຄຳສັບເພີ່ມເຕີມ

ແພເນັດ 手帕   ກະຕ່າດອກໄມ້ 花篮

ຫລຽນກາ 徽章   ໂຖດອກໄມ້ 花瓶

ປຶ້ມຮູບ 画册   ກະເປົາເງິນ 钱包

ຕຸກະຕາ 木偶

ນັດພົບກັນ

yuē huì
约 会

ນັດພົບກັນ

tí chū yuē huì qǐng qiú
提 出 约 会 请 求

ຂ້າພະເຈົ້າຂໍໄປຢ້ຽມຢາມຜູ້ອຳນວຍການບໍລິສັດຂອງທ່ານໄດ້ບໍ?
wǒ kě yǐ bài fǎng guì gōng sī jīng lǐ ma
我 可 以 拜 访 贵 公 司 经 理 吗?

ມື້ອື່ນຂ້າພະເຈົ້າຢາກນັດພົບກັບທ່ານ ×× , ໄດ້ບໍ?
wǒ xiǎng míng tiān gēn   xiān sheng yuē huì kě yǐ ma
我 想 明 天 跟 ×× 先 生 约 会 可 以 吗?

ຂ້າພະເຈົ້າຢາກນັດພົບກັບທ່ານບຸນມີໃນວັນທີ 5 ເດືອນກັນຍາ, ໄດ້ບໍ?
  yuè   rì   wǒ kě yǐ yǔ bēn mǐ xiān sheng yuē huì ma
9 月 5 日, 我 可 以 与 奔 米 先 生 约 会 吗?

ມື້ອື່ນທ່ານພົບຂ້າພະເຈົ້າໄດ້ບໍ?
míng tiān nín néng jiàn wǒ ma
 明 天 您 能 见 我 吗?

ອາທິດໜ້າຂ້າພະເຈົ້າຈະໄປພົບທ່ານໄດ້ບໍ?
xià gè xīng qī wǒ kě yǐ jiàn nín ma
下 个 星 期 我 可 以 见 您 吗?

ດຽວນີ້ຂ້າພະເຈົ້າພົບກັບທ່ານໄດ້ບໍ?

xiàn zài wǒ néng jiàn nín ma

现 在 我 能 见 您 吗？

ມື້ອື່ນເຊົ້າ 10 ໂມງ ທ່ານວ່າງບໍ? ຂ້າພະເຈົ້າຂໍພົບຍົດໜຶ່ງ, ໄດ້ບໍ?

míng tiān zǎo shang diǎn nín yǒu kòng ma kě yǐ jiàn wǒ yī huìr ma

明 天 早 上 10 点 您 有 空 吗？可 以 见 我 一 会 儿 吗？

ທ່ານສະຫລະເວລາໜຶ່ງຊົ່ວໂມງເພື່ອລົມກັບຂ້າພະເຈົ້າໄດ້ບໍ?

nín néng huā xiǎo shí hé wǒ tán tan ma

您 能 花 1 小 时 和 我 谈 谈 吗？

ຂໍໂທດ, ທ່ານໝໍ × × ມາການແລ້ວບໍ? ຂ້ອຍຢາກຫາເພິ່ນກວດພະ
ຍາດໃຫ້.

qǐng wèn dài fu shàng bān le ma wǒ yào kàn bìng

请 问 × × 大 夫 上 班 了 吗？我 要 看 病 。

ຄຳຕອບ

回 答

ຕອບບ່າຍວັນສຸກຂ້າພະເຈົ້າວ່າງ, ເວລານີ້ທ່ານເຫັນວ່າເໝາະສົມບໍ?

xīng qī wǔ xià wǔ wǒ yǒu kòng zhè ge shí jiān nín jué de hé shì ma

星 期 五 下 午 我 有 空 ，这 个 时 间 您 觉 得 合 适 吗？

ໃຫ້ຂ້າພະເຈົ້າເບິ່ງລະບຽບອາລະປະຈຳວັນກ່ອນ.

ràng wǒ kàn kan rì chéng ān pái

让 我 看 看 日 程 安 排 。

ມື້ນັນຂ້າພະເຈົ້າບໍ່ມີທຸລກ, ຂ້າພະເຈົ້າພົບທ່ານໄດ້.

zhè yī tiān wǒ méi yǒu shì wǒ kě yǐ jiàn nín

这 一 天 我 没 有 事 ，我 可 以 见 您 。

ມື້ອື່ນໃຫ້ເຈົ້າໂທມາໝໍ້ພັນກັບຂ້ອຍອີກໄດ້ບໍ?

míng tiān nǐ zài dǎ diàn huà lái yǔ wǒ lián xì hǎo ma

明 天 你 再 打 电 话 来 与 我 联 系 好 吗？

ການນັດພົບກັບລະຫວ່າງໝູ່ເພື່ອນແລະ ເພື່ອນຮ່ວມງານ

ເຮີຍ! ຄົມແລ້ວທີ່ພວກເຮົາບໍ່ໄດ້ພົບໜ້າກັບມັນ, ຫາໂອກາດເຕົ້າໂຮມ
ກັນຈັກເທື່ອ, ເຈົ້າເຫັນວ່າເປັນແນວໃດ?

wèi wǒ men hǎo jiǔ méi yǒu jiàn miàn le zhǎo gè jī huì jù yī jù zěn
喂！我 们 好 久 没 有 见 面 了 。 找 个 机 会 聚 一 聚 , 怎

me yàng
么 样 ?

ຕອນເຊົ້າວັນເສົາ, ເຈົ້າວ່າງບໍ?

xīng qī liù shàng wǔ nǐ yǒu kòng ma
星 期 六 上 午 你 有 空 吗 ?

ຕອນເຊົ້າວັນອາທິດ, ເຈົ້າເຫັນວ່າເໝາະະສົມບໍ?

xīng qī tiān shàng wǔ nǐ jué de hé shì ma
星 期 天 上 午 你 觉 得 合 适 吗 ?

ຄຳຕອບ

回 答

ໄດ້, ຂ້ອຍມີເວລາວ່າງ.

kě yǐ wǒ yǒu kòng
可 以 , 我 有 空 。

ເຈົ້າ, ໄດ້.

shì de kě yǐ
是 的 , 可 以 。

ເຈົ້າ, ພວກເຮົາຈະພົບກັນຢູ່ຮ້ານກາເຟປາກຊ່ອງ.

hǎo zán men zài bā sāng kā fēi guǎn jiàn miàn
好 , 咱 们 在 巴 桑 咖 啡 馆 见 面 。

ປ່ຽນແປງເວລານັດພົບກັນຫລືຍົກເລີກການນັດພົບກັນ

gǎi biàn yuē huì shí jiān huò qǔ xiāo yuē huì
～改 变 约 会 时 间 或 取 消 约 会～

ການນັດພົບກັນໃນວັນຈັນນັ້ນຂ້ອຍຈະໄປບໍ່ໄດ້ເພາະຂອບຄົວມີວຽກ.
xīng qī yī de yuē huì wǒ qù bù liǎo   yīn wèi jiā li yǒu shì
星 期 一 的 约 会 我 去 不 了 , 因 为 家 里 有 事 。

ວັນ / ເວລາ / ສະຖານທີ່ທີ່ພວກເຮົານັດພົບກັນນັ້ນ, ຈະປ່ຽນແປງໄດ້ບໍ?
wǒ men yuē huì de rì qī shí jiān   dì diǎn néng fǒu gǎi biàn
我 们 约 会 的 日 期 / 时 间 / 地 点 能 否 改 变 ?

ຂໍໂທດ, ພວກເຮົາຈຳເປັນຕ້ອງປ່ຽນວັນເວລານັດພົບກັນ.
duì bu qǐ   wǒ men bì xū gǎi biàn yuē huì rì qī
对 不 起 , 我 们 必 须 改 变 约 会 日 期 。

ການທີ່ເຮົາວັນເວລານັດພົບກັນລະຫວ່າງພວກເຮົາລ່ວງໜ້າ / ເລື່ອນ
ອອກໄປນັ້ນ, ມັນຈະສ້າງຄວາມຫຍຸ້ງຍາກໃຫ້ແກ່ທ່ານບໍ?
wǒ men yuē huì de rì qī tí qián tuī chí huì gěi nín dài lái shén me bù biàn ma
我 们 约 会 的 日 期 提 前 / 推 迟 会 给 您 带 来 什 么 不 便 吗 ?

ຂໍໂທດ, ຂ້ອຍຈຳເປັນຍົກເລີກການນັດພົບກັນຂອງພວກເຮົາ.
duì bu qǐ   wǒ děi qǔ xiāo wǒ men de yuē huì
对 不 起 , 我 得 取 消 我 们 的 约 会 。

ຄຳຕອບ

 回 答

ບໍ່ເປັນຫຍັງ, ຄັນຄອບຄົວເຈົ້າມີວຽກ, ພວກເຮົາກໍປ່ຽນເວລານັດພົບກັນ.
méi guān xi   rú guǒ nǐ jiā li yǒu shì   wǒ men kě yǐ gǎi yuē huì shí jiān
没 关 系 。 如 果 你 家 里 有 事 , 我 们 可 以 改 约 会 时 间 。

ສະຖານທີ່ນັດພົບກັນນັ້ນຈະປ່ຽນແປງບໍ່ໄດ້, ເພາະວ່າພວກເຮົາໄດ້ແຈ້ງໃຫ້ທຸກຄົນຊາບແລ້ວ.

wǒ men yǐ jīng gěi dà jiā fā chū le tōng zhī   yuē huì dì diǎn bù hǎo gǎi biàn
我 们 已 经 给 大 家 发 出 了 通 知 ， 约 会 地 点 不 好 改 变
le
了 。

ປ່ຽນໃສ່ເວລາໃດ ກະລຸນາແຈ້ງໃຫ້ຂ້ອຍຊາບແດ່.

gǎi dào shén me shí jiān qǐng tōng zhī wǒ
改 到 什 么 时 间 ， 请 通 知 我 。

ການນັດພົບກັນລະຫວ່າງພວກເຮົານັ້ນຢ່າໄວລ່ວງໜ້າ / ຢ່າເລື່ອນອອກໄປເດີ້.

wǒ men de yuē huì zuì hǎo bù yào tí qián tuī chí
我 们 的 约 会 最 好 不 要 提 前 / 推 迟 。

ຂ້າພະເຈົ້າເສຍໃຈຫຼາຍທີ່ທ່ານໄດ້ຍົກເລີກການນັດພົບກັນລະຫວ່າງພວກເຮົາ!

nǐ qǔ xiāo wǒ men de yuē huì   wǒ gǎn dào hěn yí hàn
你 取 消 我 们 的 约 会 ， 我 感 到 很 遗 憾 !

ຮູ້, ເຂົ້າໃຈ

míng bai   lǐ jiě
明 白，理 解

ຂໍໂທດ, ຂ້ອຍຟັງບໍ່ເຂົ້າໃຈເທື່ອ.
duì bu qǐ   wǒ méi tīng míng bai
对 不 起，我 没 听 明 白。

ຂໍໂທດ, ຂ້ອຍຟັງບໍ່ແຈ້ງປານໃດ.
qǐng yuán liàng   wǒ tīng de bù shì hěn qīng chu
请 原 谅，我 听 得 不 是 很 清 楚。

ອີ່ຫຍັງເກາະ? ຂ້ອຍຟັງບໍ່ຄັກ.
shén me   wǒ méi tīng qīng chu
什 么？我 没 听 清 楚。

ທ່ານເວົ້າຫຍັງ? / ທ່ານເວົ້າອີ່ຫຍັງເກາະ?
nín shuō shén me
您 说 什 么？

ຂ້ອຍຟັງບໍ່ແຈ້ງ.
wǒ tīng bù qīng chu
我 听 不 清 楚。

ຂໍໃຫ້ທ່ານເວົ້າຄືນອີກເທື່ອໜຶ່ງແດ່.
qǐng nín zài jiǎng yī cì
请 您 再 讲 一 次。

ທ່ານເວົ້າໄວໂພດ.
nín jiǎng de tài kuài le
您 讲 得 太 快 了。

ຂໍໃຫ້ເວົ້າແຮງໆ / ເວົ້າດັງໆຈັກໝ້ອຍແດ່.

qǐng jiǎng dà shēng yī diǎn
请 讲 大 声 一 点 。

ຂໍໃຫ້ທ່ານເວົ້າໃຫ້ຊ້າຈັກໝ້ອຍແດ່.

qǐng nín màn màn jiǎng
请 您 慢 慢 讲 。

ທ່ານເຂົ້າໃຈແລ້ວບໍ?

nín míng bai le ma
您 明 白 了 吗 ?

ທ່ານຟັງເຂົ້າໃຈບໍ?

nín tīng dǒng le ma
您 听 懂 了 吗 ?

ຄຳຕອບ

ແຈ້ງ / ໂດຍ!

shì de   duì
是 的 / 对 !

ແຈ້ງ / ໂດຍ, ຂ້ອຍຟັງເຂົ້າໃຈແລ້ວ.

shì de   wǒ tīng míng bai le   wǒ dǒng le
是 的 , 我 听 明 白 了 / 我 懂 了 。

ຄວາມແນ່ນອນ; ຄວາມອາດສາມາດເປັນໄປໄດ້; ຄວາມສົງໄສ; ການຫ້າມ

kěn dìng　　dà gài　　kě néng　　huái yí　　jìn zhǐ
肯定；大概，可能；怀疑；禁止

ບອກຄວາມແນ່ນອນ

kěn dìng
肯定

ເຂົາເຈົ້າຄົງຈະຮູ້ເລື່ອງນີ້ຢ່າງແນ່ນອນ.

tā men kěn dìng zhī dào zhè jiàn shì
他们 肯 定 知 道 这 件 事 。

ຂ້ອຍເຊື່ອແນ່ວ່າ ລາວຕ້ອງໄດ້ຮັບຜົນສຳເລັດແລ້ວ.

wǒ què xìn tā chéng gōng le
我 确 信 他 成 功 了 。

ອັນນີ້ຂ້ອຍເຊື່ອໝັ້ນຢ່າງແນ່ນອນໂດຍບໍ່ຕ້ອງສົງໄສ.

wǒ duì cǐ què xìn wú yí
我 对 此 确 信 无 疑 。

ຊີວິດການເປັນຢູ່ຂອງປະຊາຊົນຈະໄດ້ຮັບການປ່ຽນແປງໃຫ້ດີຂຶ້ນຢ່າງແນ່ນອນ.

rén mín de shēng huó bì rán dé dào gǎi shàn
人 民 的 生 活 必 然 得 到 改 善 。

ແນ່ນອນແລ້ວວ່າ, ພວກເຮົາບໍ່ສາມາດເຮັດທຸກສິ່ງທຸກຢ່າງໃຫ້ແລ້ວ
ໃນມື້ໜຶ່ງຍາມດຽວ.

dāng rán　wǒ men bù kě néng zài yī tiān zhī nèi bǎ shén me shì dōu zuò wán
当 然 ， 我 们 不 可 能 在 一 天 之 内 把 什 么 事 都 做 完 。

ຂ້ອຍເຊື່ອໝັ້ນວ່າ ນີ້ແມ່ນສິມືລາຍປາກກາຂອງລາວຢ່າງແນ່ນອນ.
wǒ kěn dìng zhè shì tā de zì jì
我 肯 定 这 是 他 的 字 迹 。

ໝໍ້ນີ້ແມ່ນອະໂມຍແນ່ນອນ.
zhè jiā huo kěn dìng shì xiǎo tōu
这 家 伙 肯 定 是 小 偷 。

ບອກຄວາມອາດສາມາດເປັນໄປໄດ້

dà gài　　kě néng
大概，可 能

ລາວອາດຈະຫລົງທາງແລ້ວ.
tā dà gài mí lù le
他 大 概 迷 路 了 。

ເຈົ້າຄິດວ່າອາດຈະແມ່ນລາວເຂົ້າໃຈຜິດບໍ?
nǐ shì fǒu rèn wéi kě néng shì tā wù huì le
你 是 否 认 为 可 能 是 他 误 会 了 ？

ອາດຈະແມ່ນແບບນັ້ນລະ.
dà gài shì ba
大 概 是 吧 。

ນາງອາດຈະໂຮດແລ້ວ.
tā hǎo xiàng shēng qì le
她 好 像 生 气 了 。

ມ້ຶ່ຮັບລາວອາດຈະມາ.

tā yě xǔ míng tiān huì lái

他 也 许 明 天 会 来 。

ເຝັບອາດຈະຕົກ.

kě néng yào xià yǔ

可 能 要 下 雨 。

ພວກເຮົາອາດຈະພົບກັບໃນໄວໆນີ້.

wǒ men kě néng hěn kuài jiù huì jiàn miàn

我 们 可 能 很 快 就 会 见 面 。

ຖ້າຜົເປັນໄປໄດ້, ຂໍເຊີນມາຮ່ວມງານລາຕີພວກເຮົາ.

yǒu kě néng de huà   qǐng lái cān jiā wǒ men de wǎn huì

有 可 能 的 话 , 请 来 参 加 我 们 的 晚 会 。

ລາວອາດຈະເປັນໄຂ້.

tā kě néng bìng le

他 可 能 病 了 。

ອັນນີ້ອາດສາມາດເປັນໄປໄດ້.

zhè shì kě néng de

这 是 可 能 的 。

ອັນນີ້ບໍ່ອາດສາມາດເປັນໄປໄດ້.

zhè shì bù kě néng de

这 是 不 可 能 的 。

ລາວບໍ່ອາດສາມາດເຮັດວຽກນີ້ໃຫ້ແລ້ວໃນທ້າຍເດືອນນີ້.

tā bù kě néng zài yuè dǐ zuò wán zhè gōng zuò

他 不 可 能 在 月 底 做 完 这 工 作 。

ຄວາມສົງໄສ

huái yí

怀 疑

ຊີ່ທລືບ? / ແທ້ບໍ?

shì zhēn de ma
是 真 的 吗？

ຂ້ອຍສົງໄສ.

wǒ huái yí
我 怀 疑。

ເຈົ້າເຮັດໃຈຜິດຕິ້?

nǐ méi yǒu nòng　　gǎo　　cuò ba
你 没 有 弄 （ 搞 ） 错 吧？

ຂ້ອຍບໍ່ເຊື່ອ.

wǒ bù xiāng xìn
我 不 相 信。

ຂ້ອຍບໍ່ເຊື່ອວ່າ（ຂະນະ）ທິມທີ່ລາວນຳພານັ້ນຈະຊະນະ.

wǒ bù xiāng xìn tā dài de duì néng shèng　lì
我 不 相 信他 带 的 队 能 胜 利。

ຂ້ອຍສົງໄສວ່າລາວຄົງຈະບໍ່ມາ.

wǒ huái yí　tā bù huì lái
我 怀 疑 他 不 会 来。

ຂ້ອຍສົງໄສວ່າ ນາງຄົງຈະມາ ບໍ່ທັນເວລາ.

wǒ huái yí　tā bù néng zhǔn shí dào dá
我 怀 疑 她 不 能 准 时 到 达。

ຂ້ອຍສົງໄສວ່າຢານີ້ມີຜົນຄືທລືບໍ່.

wǒ huái yí　zhè yào shì fǒu yǒu xiào
我 怀 疑 这 药 是 否 有 效。

ຂ້ອຍສົງໄສວ່າ ໃບຢັ້ງຢືນນີ້ແມ່ນແທ້ຫຼືບໍ່.
wǒ huái yí zhè zhāng zhèng míng de zhēn shí xìng
我 怀 疑 这 张 证 明 的 真 实 性 。

ຂ້ອຍບໍ່ເຄີຍສົງໄສລາວຈັກເທື່ອ.
wǒ cóng lái méi yǒu huái yí tā
我 从 来 没 有 怀 疑 他 。

ລາວສົງໄສພວກເຮົາ.
tā huái yí wǒ men
他 怀 疑 我 们 。

ບໍ່ງມີຄວາມຈິງໃຈຢ່າງບໍ່ຕ້ອງສົງໄສ.
háo wú yí wèn   tā shì chéng xīn chéng yì de
毫 无 疑 问 ， 她 是 诚 心 诚 意 的 。

ຂ້ອຍບໍ່ໄດ້ສົງໄສຄວາມກ້າຫານຂອງເຈົ້າ.
wǒ bù huái yí nǐ de dǎn liàng
我 不 怀 疑 你 的 胆 量 。

ຂ້ອຍຍັງສົງໄສວ່າ ລາວຊິສ້າງໄດ້ຫຼືບໍ່.
wǒ huái yí tā shì fǒu néng kǎo guò guān
我 怀 疑 他 是 否 能 考 过 关 。

ການຫ້າມ

jìn zhǐ
禁 止

ອັນນີ້ຫ້າມຢ່າງເດັດຂາດ.
zhè shì yán lì jìn zhǐ de
这 是 严 厉 禁 止 的 。

ກະລຸນາຢ່າໄຂປະຕູ.
qǐng bù yào bǎ mén dǎ kāi
请 不 要 把 门 打 开 。

ເຈົ້າຢ່າຕິຕຽນລາວ.

nǐ bù yào pī píng tā

你 不 要 批 评 他 。

ເຈົ້າຢ່າເວົ້າໃຫ້ສຽງດັງແບບນີ້ກັບລາວ.

nǐ bù yào nà me dà shēng duì tā shuō huà

你 不 要 那么 大 声 对 她 说 话 。

ຫ້າມລົມກັນໃນເວລາເຂົ້າການ.

jìn zhǐ shàng bān shí jiān liáo tiān

禁 止 上 班 时 间 聊 天 。

ແພດໃຫ້ຄົນເຈັບຍະລຳເກືອ.

yī shēng ràng bìng rén jì yán

医 生 让 病 人 忌 盐 。

ຢ່າກິນຂອງຫວານເຖີ.

bù yào chī tián shí

不 要 吃 甜 食 。

ວຽກຍັງບໍ່ແລ້ວຢ່າໄປຫຼິ້ນເຖີ.

gōng zuò méi zuò wán bù néng qù wán

工 作 没 做 完 不 能 去 玩 。

ສຳນວນທີ່ໃຊ້ໃນສະຖານທີ່ສາທາລະນະ

gōng gòng chǎng suǒ yòng yǔ

公 共 场 所 用 语

ຫ້າມເອົາອາຫານທ່ອງທືບໃຫ້ສັດກິນ.

jìn zhǐ gěi dòng wù wèi shí

禁 止 给 动 物 喂 食 。

ຫ້າມເດັດດອກໄມ້.

jìn zhǐ zhāi huā

禁 止 摘 花 。

ຫ້າມລົມກັບຜູ້ຂັບລົດໃນເວລາຂັບລົດ.

xíng chē shí jìn zhǐ yǔ sī jī shuō huà

行 车 时 禁 止 与 司 机 说 话 。

ຫ້າມເອົາໝາເຂົ້າໂຮງແຮມນີ້.

běn lǚ guǎn jìn zhǐ xié gǒu rù nèi

本 旅 馆 禁 止 携 狗 入 内 。

ຫ້າມແຊງລົດ.

jìn zhǐ chāo chē

禁 止 超 车 。

ຫ້າມເຂົ້າໃນ.

jìn zhǐ rù nèi

禁 止 入 内 。

ທາງນີ້ຫ້າມລົດຜ່ານ.

cǐ fāng xiàng jìn zhǐ tōng xíng

此 方 向 禁 止 通 行 。

ບຸກຄົນພາຍນອກຫ້າມເຂົ້າ.

fēi běn dān wèi rén yuán bù dé rù nèi

非 本 单 位 人 员 不 得 入 内 。

ຫ້າມລົດຜ່ານ.

jìn zhǐ tōng xíng

禁 止 通 行 。

ຫ້າມເຂົ້າຢຽບເທິງຫຍ້າ.

jìn zhǐ tà rù cǎo dì

禁 止 踏 入 草 地 。

ຫ້າມຖອກຂີ້ເຫຍື້ອໃສ່ທີ່ນີ້.

jìn zhǐ zài cǐ dào lā jī

禁 止 在 此 倒 垃 圾 。

ຫ້າມເດັກນ້ອຍທີ່ມີອາຍຸຕ່ຳກວ່າ 16 ປີເຂົ້າເບິ່ງ.

jìn zhǐ   suì yǐ xià de shào nián ér tóng guān kàn

禁 止 16 岁 以 下 的 少 年 儿 童 观 看 。

ຫ້າມສູບຢາ.

jìn zhǐ xī yān

禁 止 吸 烟 。

ຂ້ອຍເຫັນດີ.
wǒ zàn chéng
我 赞 成 。

ຂ້າພະເຈົ້າເຫັນດີນຳຄວາມຄິດເຫັນຂອງທ່ານ.
wǒ zàn chéng nín de yì jiàn
我 赞 成 您 的 意 见 。

ຄວາມຄິດເຫັນຂອງຂ້າພະເຈົ້າຄືກັນກັບຄວາມຄິດເຫັນຂອງທ່ານ.
wǒ de kàn fǎ gēn nín de yī yàng
我 的 看 法 跟 您 的 一 样 。

ເຫັນດີ / ຕົກລົງ!
tóng yì
同 意 !

ຂ້ອຍບໍ່ມີຄວາມຄິດເຫັນແຕກຕ່າງ.
wǒ méi yǒu yì yì
我 没 有 异 议 。

ຂ້ອຍເຫັນດີເຫັນພ້ອມ.
wǒ wán quán zàn chéng
我 完 全 赞 成 。

ຂ້າພະເຈົ້າບໍ່ເຫັນດີນຳຄວາມຄິດເຫັນຂອງທ່ານ.
wǒ bù tóng yì nín de kàn fǎ
我 不 同 意 您 的 看 法 。

ຂ້ອຍ / ຂ້າພະເຈົ້າຄັດຄ້ານ!

wǒ fǎn duì

我 反 对 !

ຂ້ອຍ / ຂ້າພະເຈົ້າຄັດຄ້ານຂໍ້ສະເໜີນີ້.

wǒ fǎn duì zhè tiáo jiàn yì

我 反 对 这 条 建 议 。

ນັ້ນແມ່ນບໍ່ໄດ້ດອກ.

nà shì bù xíng de

那 是 不 行 的 。

ບໍ່, ບໍ່ໄດ້.

bù   bù xíng

不 , 不 行 。

ບໍ່ໄດ້ເດັດຂາດ!

jué duì   kěn dìng bù xíng

绝 对 / 肯 定 不 行 !

ການຊ່ອຍເຫລືອ

bāng zhù
帮 助

ຂ້າພະເຈົ້າຈະຊ່ອຍທ່ານໄດ້ບໍ?
wǒ néng wèi nín xiào láo ma
我 能 为 您 效 劳 吗 ?

ຂ້າພະເຈົ້າຈະຊ່ອຍເຫລືອທ່ານອັນໃດໄດ້?
wǒ néng bāng nín shén me máng ma
我 能 帮 您 什 么 忙 吗 ?

ຖ້າທ່ານຕ້ອງການໃຫ້ຂ້າພະເຈົ້າເຮັດຫຍັງ, ເຊີນບອກໃຫ້ຂ້າພະເຈົ້າ
ຮູ້. ບໍ່ຈຳເປັນໃຈຄໍ!
rú guǒ nín yòng de shàng wǒ qǐng gào su wǒ   bù bì kè qi
如 果 您 用 得 上 我 , 请 告 诉 我 , 不 必 客 气 !

ຂ້າພະເຈົ້າຄຖ້າຄຳສັ່ງຂອງທ່ານ.
wǒ tīng hòu nín de fēn fù
我 听 候 您 的 吩 咐 。

ຂ້າພະເຈົ້າສາມາດຊ່ອຍທ່ານເຮັດຫຍັງໄດ້ບໍ?
wǒ néng bāng nín de máng ma
我 能 帮 您 的 忙 吗 ?

ຖ້າທ່ານຍິນດີ, ຂ້າພະເຈົ້າສາມາດຊ່ອຍທ່ານໄດ້.
rú guǒ nín yuàn yì   wǒ kě yǐ bāng nín yī bǎ
如 果 您 愿 意 , 我 可 以 帮 您 一 把 。

ຂ້າພະເຈົ້າຂໍໄປສົ່ງທ່ານຮອດທາງອອກ.

qǐng yǔn xǔ wǒ sòng nín dào chū kǒu
请 允 许 我 送 您 到 出 口 。

ຮັບເອົາການຊ່ວຍເຫລືອ
jiē shòu bāng zhù
～接 受 帮 助～

ລົບກວນທ່ານແລ້ວ / ເປັນການລົບກວນທ່ານແລ້ວ.

má fan nín le
麻 烦 您 了 。

ທ່ານຈັ່ງແມ່ນດີແທ້ໆ, ຂອບໃຈ!

nín zhēn hǎo　xiè xie nín le
您 真 好 , 谢 谢 您 了 !

ປະຕິເສດການຊ່ວຍເຫລືອ
jù jué bāng zhù
～拒 绝 帮 助～

ຂ້ອຍເຮັດໄດ້ຢູ່, ຂອບໃຈ!

wǒ néng xíng　xiè xie
我 能 行 , 谢 谢 !

ຂອບໃຈ, ຂ້ອຍເຮັດເອົາເອງໄດ້.

xiè xie　wǒ zì jǐ kě yǐ zuò
谢 谢 , 我 自 己 可 以 做 。

ຂອບໃຈ! ຂ້ອຍເຮັດໄດ້.

xiè xie　wǒ zì jǐ néng xíng
谢 谢 ! 我 自 己 能 行 。

ຮຽກຮ້ອງການຊ່ວຍເຫຼືອ
qǐng qiú bāng zhù
请 求 帮 助

ຂໍໂທດ, ທ່ານຊ່ວຍຂ້າພະເຈົ້າໄດ້ບໍ?
nín néng bāng wǒ gè máng ma
您 能 帮 我 个 忙 吗？

ຂໍຊ່ວຍເຫຼືອແດ່, ໄດ້ບໍ?
qǐng nǐ bāng gè máng hǎo ma
请 你 帮 个 忙 ， 好 吗？

ທ່ານແກ້ໄຂຄວາມຫຍຸ້ງຍາກເດືອດຮ້ອນນີ້, ໄດ້ບໍ?
nín néng bāng wǒ jiě rán méi zhī jí ma
您 能 帮 我 解 燃 眉 之 急 吗？

ເຫັນດີຊ່ວຍເຫຼືອຜູ້ອື່ນ
tóng yì bāng zhù bié rén
同 意 帮 助 别 人

ຍົນດີ.
hěn yuàn yì
很 愿 意 。

ດີໃຈຫລາຍ.
hěn gāo xìng
很 高 兴 。

ລໍຖ້າຄຳສັ່ງຂອງທ່ານ.
tīng cóng nín de diào qiǎn
听 从 您 的 调 遣 。

ບໍລິການ / ຮັບໃຊ້

fú wù
服 务

ຂ້າພະເຈົ້າຈະຊ່ວຍທ່ານໄດ້ບໍ?
wǒ néng bāng nín de máng ma
我 能 帮 您 的 忙 吗 ?

ຂ້າພະເຈົ້າຈະຊ່ວຍທ່ານຫຍັງໄດ້?
wǒ néng wèi nín zuò diǎn shén me
我 能 为 您 做 点 什 么 ?

ທ່ານມີຫຍັງໃຫ້ຂ້າພະເຈົ້າຮັບໃຊ້ບໍ?
nín yǒu shén me xū yào wǒ fú wù de ma
您 有 什 么 需 要 我 服 务 的 吗 ?

ທ່ານຢາກຮູ້ຫຍັງບໍ?
nín xū yào liǎo jiě shén me ma
您 需 要 了 解 什 么 吗 ?

ຂ້າພະເຈົ້າຈະແນະນໍາສະພາບການໃຫ້ທ່ານໄດ້ບໍ?
wǒ néng gěi nín jiè shào qíng kuàng ma
我 能 给 您 介 绍 情 况 吗 ?

ຂ້າພະເຈົ້າຈະຊ່ວຍທ່ານເຫຼືອງຕ້ອນຂອງຂວັນໃຫ້ທ່ານໄດ້ບໍ?
wǒ gěi nín dǎ gè lǐ pǐn bāo hǎo ma
我 给 您 打 个 礼 品 包 好 吗 ?

ທ່ານຕ້ອງການສົ່ງສິນຄ້າເຖິງເຮືອນບໍ?
nín xū yào sòng huò shàng mén ma
您 需 要 送 货 上 门 吗 ?

ຄຳຕອບ

ໄດ້, ລົບກວນທ່ານແລ້ວ.

hǎo de　má fan nín le
好 的，麻 烦 您 了。

ຂອບໃຈ, ຂ້ອຍເຮັດເອງໄດ້.

xiè xie　　wǒ zì jǐ lái
谢 谢，我 自 己 来。

ຂໍໃຫ້ບໍລິການ

qǐng qiú tí gōng fú wù
请 求 提 供 服 务

ສົ່ງອາຫານເຊົ້າເຖິງຫ້ອງເຮົາໄດ້ບໍ?

néng bǎ zǎo cān sòng dào wǒ de fáng jiān ma
能 把 早 餐 送 到 我 的 房 间 吗？

ໂຮງແຮມນີ້ມີຊັກໂສ້ງເສື້ອບໍ?

zhè ge lǚ guǎn bāng xǐ yī fu ma
这 个 旅 馆 帮 洗 衣 服 吗？

ຮີດເສື້ອໂຕນີ້ໃຫ້ແດ່ ໄດ້ບໍ?

bāng wǒ yùn yī xià zhè jiàn yī fu　hǎo ma
帮 我 熨 一 下 这 件 衣 服，好 吗？

5 ໂມງເຊົ້ານີ້ອື່ນປຸກຂ້ອຍແດ່ເດີ.

míng tiān zǎo chen　　diǎn jiào xǐng wǒ
明 天 早 晨 5 点 叫 醒 我。

ຊ່ວຍໄປເອີ້ນລົດຕັກຂີ່ມາແດ່.

qǐng bāng wǒ qù jiào yī bù chū zū chē lái
请 帮 我 去 叫 一 部 出 租 车 来。

ຄຳຕອບ

ໄດ້.

kě yǐ　hǎo de
可 以 / 好 的 。

ແມ່ນອນໄດ້.

dāng rán kě yǐ
当 然 可 以 。

ຂໍໂທດ, ຕອນນີ້ພວກຂ້າພະເຈົ້າບໍ່ບໍລິການເລື່ອງນີ້ອິກແລ້ວ.

hěn bào qiàn　　wǒ men xiàn zài bù zài tí gōng zhè zhǒng fú wù le
很 抱 歉 ， 我 们 现 在 不 再 提 供 这 种 服 务 了 。

ອາກາດ

tiān qì
天 气

ມື້ນີ້ອາກາດເປັນແນວໃດ?
jīn tiān tiān qì zěn me yàng
今 天 天 气 怎 么 样 ？

ອຸນຫະພູມມື້ນີ້ຈັກອົງສາ?
jīn tiān de qì wēn shì duō shǎo shè shì dù
今 天 的 气 温 是 多 少 摄 氏 度 ？

ການພະຍາກອນອາກາດວ່າອາກາດມື້ອື່ນເປັນແນວໃດ?
tiān qì yù bào shuō míng tiān de tiān qì zěn me yàng
天 气 预 报 说 明 天 的 天 气 怎 么 样 ？

ຄຳຕອບ

 答

ມື້ນີ້ອາກາດດີ / ບໍ່ດີ.
jīn tiān tiān qì hǎo bù hǎo
今 天 天 气 好 / 不 好 。

ມື້ນີ້ອາກາດອົບອຸ່ນ.
jīn tiān tiān qì nuǎn huo
今 天 天 气 暖 和 。

ອາກາດຮ້ອນ / ໜາວ / ເຢັນສະບາຍ / ແຫ້ງ / ປຽກຊຸ່ມ.
tiān qì rè lěng liáng shuǎng gān zào cháo shī
天 气 热 / 冷 / 凉 爽 / 干 燥 / 潮 湿 。

ອາກາດດີຂຶ້ນ.

tiān qì zhuǎn hǎo

天 气 转 好 。

ອາກາດປ່ຽນແປງແລ້ວ.

tiān qì biàn huà le

天 气 变 化 了 。

ອາກາດອົບເອົ້າຫລາຍ!

tiān qì zhēn mēn

天 气 真 闷 ！

ຕາເວັນອອກແລ້ວ / ມີລົມພັດ.

chū tài yáng　guā fēng

出 太 阳 / 刮 风 。

ດຽວນີ້ລົມພະຍຸພັດ.

xiàn zài zhèng guā zhe tái fēng

现 在 正 刮 着 台 风 。

ມີຫມອກ / ມີກ້ອນເມກ / ມີຝົນ.

yǒu wù　yǒu yún　yǒu yǔ

有 雾 / 有 云 / 有 雨 。

ຝົນຕົກແລ້ວ!

xià yǔ le

下 雨 了 ！

ມື້ອື່ນມີຝົນທ່າງໃຫຍ່.

míng tiān yǒu bào yǔ

明 天 有 暴 雨 。

ກະແສລົມຫນາວມາແລ້ວ!

lěng kōng qì lái le

冷 空 气 来 了 ！

ຫິມະຕົກແລ້ວ!

xià xuě le

下 雪 了 ！

ຢູ່ພາກເໜືອປະເທດຈີນໃນລະດູໜາວມີໜະເໜັກຢູ່ສະເໝີ.

dōng tiān zhōng guó běi fāng jīng cháng xià xuě
冬 天 中 国 北 方 经 常 下 雪 。

ໝາກເຫັບຕົກແລ້ວ!

xià bīng báo le
下 冰 雹 了 !

ນ້ຳກ້າມແລ້ວ!

jié bīng le
结 冰 了 !

ຂ້ອຍຮູ້ສຶກຮ້ອນ / ໜາວ.

wǒ jué de rè lěng
我 觉 得 热 / 冷 。

ຂ້ອຍຢ້ານຮ້ອນ / ໜາວ.

wǒ pà rè lěng
我 怕 热 / 冷 。

ອຸນຫະພູມແມ່ນ 32 ອົງສາ / ສູນອົງສາ / ລົບສູນ 3 ອົງສາ.

wēn dù shì shè shì dù shè shì dù líng xià shè shì dù
温 度 是 32 摄 氏 度 / 0 摄 氏 度 / 零 下 3 摄 氏 度 。

ການພະຍາກອນອາກາດວ່າອາກາດດີ.

tiān qì yù bào shuō shì hǎo tiān qì
天 气 预 报 说 是 好 天 气 。

ການພະຍາກອນວ່າມີເມກຫລາຍ / ມີຝົນ.

yù bào shuō duō yún yǒu yǔ
预 报 说 多 云 / 有 雨 。

ການພະຍາກອນວ່າຕອນຄ່ຳນີ້ນີ້ຈະມີລົມພະຍຸ.

yù bào shuō jīn wǎn yǒu tái fēng
预 报 说 今 晚 有 台 风 。

ຄຳສັບເພີ່ມເຕີມ
补充词汇

ສະຖານີອຸຕຸນິຍົມ 气象站　　ລົມແດງ 暴风

ລົມແຮງ 大风　　　　　　ມີໝອກ 有雾

ລົມພະຍຸ 台风　　　　　　ລົມບ້າໝູ 龙卷风

ພາຍຸຝົນ 暴风雨　　　　　ຝ່າຝົນ 雷阵雨

ຝົນຝອຍ 毛毛雨　　　　　ຟ້າຜ່າ 霹雳

ຟ້າແມບ（ແລບ） 闪电　　ນ້ຳຄ້າງ 霜

ອຸນຫະພູມສູງ 高温　　　　ອຸນຫະພູມຕ່ຳ 低温

ເມກ（ເຜື້ອ） 云　　　　　ເມກຂາວ / ເຜື້ອຂາວ 白云

ເມກດຳ / ເຜື້ອດຳ 乌云　ມີເມກຫຸ້ມທ້ອງຟ້າເປັນສ່ວນຫລາຍ 天空多云

ຟ້າມົດຄຶ້ມ 天空阴沉　　ຟ້າບົດ 阴天

ທ້ອງຟ້າປອດໂປ່ງ / ທ້ອງຟ້າແຈ່ມໃສ 天空晴朗

ວັນ ເດືອນ ລະດູການ ປີ

nián   jì jié yuè   rì
年，季节，月，日

ປີນີ້ແມ່ນປີຫຍັງ?

jīn nián shì nǎ yī nián
今 年 是 哪 一 年 ？

ຄຽວນີ້ຢູ່ລາວ / ຈີນແມ່ນລະດູຫຍັງ?

xiàn zài lǎo wō   zhōng guó shì shén me jì jié
现 在 老 挝 / 中 国 是 什 么 季 节 ？

ถิมฟ้าອากาดຢູ່ປະເທດລາວ / ຈີນປີໜຶ່ງມີຈັກລະດູ?

lǎo wō   zhōng guó yī nián fēn wéi jǐ gè jì jié
老 挝 / 中 国 一 年 分 为 几 个 季 节 ？

ຄຽວນີ້ແມ່ນເດືອນຫຍັງ?

xiàn zài shì jǐ yuè
现 在 是 几 月 ？

ມື້ນີ້ແມ່ນວັນຫຍັງ?

jīn tiān shì xīng qī jǐ
今 天 是 星 期 几 ？

ວັນທີ 8 ແມ່ນວັນຫຍັງ?

 rì shì xīng qī jǐ
8 日 是 星 期 几 ？

ມື້ນີ້ແມ່ນວັນທີເທ່ົາໃດ? ກົງກັບວັນຫຍັງ?

jīn tiān shì jǐ rì xīng qī jǐ
今 天 是 几 日 ？ 星 期 几 ？

ເຈົ້າເກີດວັນ ເດືອນ ປີໃດ?

nǐ shì nǎ nián nǎ yuè nǎ rì chū shēng de

你 是 哪 年 哪 月 哪 日 出 生 的？

ພະທາດນີ້ສ້າງຂຶ້ນໃນສະໄໝໃດ?

zhè zuò fó tǎ shì shén me nián dài jiàn de

这 座 佛 塔 是 什 么 年 代 建 的？

ການປະດິດສ້າງນີ້ສາມາດສືບສາວເຄື່ອງລາວເຖິງຍຸກສະໄໝໃດ?

zhè yī fā míng kě yǐ zhuī sù dào nǎ ge nián dài

这 一 发 明 可 以 追 溯 到 哪 个 年 代？

ເຈົ້າຈະໄປມື້ອື່ນຫລືມື້ຮື?

nǐ míng tiān zǒu hái shi hòu tiān zǒu

你 明 天 走 还 是 后 天 走？

ຄຳຕອບ

回 答

ປີນີ້ແມ່ນປີ 2020.

jīn nián shì   nián

今 年 是 2020 年 。

ປະເທດລາວປີໜຶ່ງມີ 2 ລະດູ, ຄືລະດູຝົນ ແລະ ລະດູແລ້ງ.

lǎo wō yī nián fēn wéi liǎng gè jì jié   jí yǔ jì hé hàn jì

老 挝 一 年 分 为 两 个 季 节，即 雨 季 和 旱 季 。

ປະເທດຈີນມີ 4 ລະດູ ຄື: ລະດູບານໃໝ່, ລະດູຮ້ອນ, ລະດູໃບໄມ້ ຫລົ່ນ ແລະ ລະດູໜາວ.

zhōng guó yī nián yǒu   gè jì jié   jí chūn jì   xià jì   qiū jì hé dōng jì

中 国 一 年 有 4个 季 节，即 春 季、夏 季、秋 季 和 冬 季 。

ຄຣອນີ້ແມ່ນເດືອນມັງກອນ/ກຸມພາ/ມີນາ/ເມສາ/ພຶດສະພາ/ເມຖຸນ (ມິຖຸນາ)/ກໍລະກົດ/ສິງຫາ/ກັນຍາ/ຕຸລາ/ພະຈິກ/ທັນວາ.

xiàn zài shì yuè   yuè   yuè   yuè   yuè   yuè   yuè   yuè   yuè

现 在 是 1 月 /2 月 /3 月 /4 月 /5 月 /6 月 /7 月 /8 月 /9 月 /

yuè   yuè   yuè

10 月 /11 月 /12 月 。

ດຽວນີ້ແມ່ນເດືອນມຖຸນ (ມີຖຸນາ) .

xiàn zài shì yuè

现 在 是 6 月 。

ມື້ນີ້ແມ່ນວັນຈັນ / ວັນອັງຄານ / ວັນພຸດ / ວັນພະຫັດ / ວັນສຸກ / ວັນເສົາ /
ວັນອາທິດ.

jīn tiān shì xīng qī yī   xīng qī èr   xīng qī sān   xīng qī sì   xīng qī wǔ

今 天 是 星 期 一 / 星 期 二 / 星 期 三 / 星 期 四 / 星 期 五 /

xīng qī liù   xīng qī tiān

星 期 六 / 星 期 天 。

ມື້ນີ້ແມ່ນວັນທີ 1 / 31 ພຶດສະພາປີ 2019.

jīn tiān shì   nián   yuè   rì

今 天 是 2019 年 5 月 1 / 31 日 。

ມື້ນີ້ແມ່ນວັນທີ 19 ພຶດສະພາ, ກໍງກັບວັນອາທິດ.

jīn tiān shì   yuè   rì   xīng qī tiān

今 天 是 5 月 19 日 , 星 期 天 。

ຂ້ອຍເກີດວັນທີ 8 ເດືອນ 9 ປີ 1985.

wǒ chū shēng yú   nián   yuè   rì

我 出 生 于 1985 年 9 月 8 日 。

ພະທາດນີ້ໄດ້ສ້າງຂຶ້ນໃນສະຕະວັດທີ 12.

zhè zuò fó tǎ jiàn yú   shì jì

这 座 佛 塔 建 于 12 世 纪 。

ມັນສາມາດສືບສາວເລື່ອງລາວເຖິງກ່ອນຫນ້ານີ້ 200 ປີ.

tā kě yǐ zhuī sù dào   nián qián

它 可 以 追 溯 到 200 年 前 。

ແມ່ນວັນເສົາ.

shì xīng qī liù

是 星 期 六 。

ຄຳສັບເພີ່ມເຕີມ
补 充 词 汇

ປະຕິທິນ 日历

ປະຕິທິນສຸລິຍະຄະຕິ 公历

ຄິດຕະສັກກະຫຼາດ 公元

ພຸດທະສັກກະຫຼາດ 佛历

ປະຕິທິນຈັນທະຄະຕິ 阴历

ປີໃຈ້ / ປີຊວດ 鼠年

ປີເປົ້າ / ປີສະຫຼູ 牛年

ປີຍີ່ / ປີຂານ 虎年

ປີເໝົ້າ / ປີເຖາະ 兔年

ປີສີ / ປີມະໂລງ 龙年

ປີໃສ້ / ປີມະເສັ້ງ 蛇年

ປີສະງ້າ / ປີມະເມຍ 马年

ປີມົດ / ປີມະແມ 羊年

ປີສັນ / ປີວອກ 猴年

ປີເຮົ້າ / ປີລະກາ 鸡年

ປີເສັດ / ປີຈໍ 狗年

ປີໃຄ້ / ປີກຸນ 猪年

ລະດູຝົນ 雨季

ລະດູແລ້ງ 旱季

ເວລາ

shí jiān
时 间

ດຽວນີ້ຈັກໂມງແລ້ວ?

xiàn zài shì jǐ diǎn zhōng
现 在 是 几 点 钟 ？

ຂໍໂທດໂມງເຈົ້າໄດ້ຈັກໂມງ?

qǐng wèn nǐ de biǎo jǐ diǎn
请 问 你 的 表 几 点 ？

ໂມງຮຽນເລີ່ມແຕ່ຈັກໂມງ / ເລີກຈັກໂມງ?

kè jǐ diǎn zhōng kāi shǐ jié shù
课 几 点 钟 开 始 / 结 束 ？

ຕອນເຊົ້າ / ຕອນແລງ 4 ໂມງ.

zǎo shang xià wǔ diǎn
早 上 / 下 午 4 点 。

ດຽວນີ້ 9 ໂມງພໍດີ.

xiàn zài gāng hǎo diǎn
现 在 刚 好 9 点 。

10 ໂມງກົງແລ້ວ.

diǎn zhěng
10 点 整 。

4 ໂມງ 10 ນາທີ.

diǎn fēn
4 点 10 分 。

4 ໂມງ 15 ນາທີ.
diǎn   fēn
4 点 15 分 。

5 ໂມງເຄິ່ງ.
diǎn bàn
5 点 半 。

8 ໂມງຍັງ 15 ນາທີ.
diǎn chà yī kè
8 点 差 一 刻 。

12 ໂມງທ່ຽງວັນ / ທ່ຽງ ຄືນ.
zhōng wǔ   diǎn wǔ yè   diǎn
中 午 12 点 / 午 夜 12 点 。

ໂມງຂ້ອຍຍ່ໄວ / ຊ້າ 2 ນາທີ.
wǒ de biǎo kuài màn   fēn zhōng
我 的 表 快 / 慢 2 分 钟 。

ຕອນນີ້ແມ່ນເວລາພັກຜ່ອນຕອນທ່ຽງ.
xiàn zài shì wǔ xiū shí jiān
现 在 是 午 休 时 间 。

ແມ່ນເວລາອອກເດີນທາງແລ້ວ.
shì chū fā de shí hou le
是 出 发 的 时 候 了 。

ຕະຫລາດດຊ້ຳເລີ່ມໄຂປະຕູເວລາ 8 ໂມງຊ້ຳແລະຊັດປະຕູເວລາ 5
ໂມງແລງ.
dá là shào shì chǎng de yíng yè shí jiān shì cóng zǎo shang   diǎn zhì xià wǔ
达 腊 邵 市 场 的 营 业 时 间 是 从 早 上 8 点 至 下 午 5
diǎn
点 。

ຍົບໄປປາກເຊມັນຂື້ນເວລາ 6 ໂມງ 30 ນາທີຕອນເຊ້ຳ.
qù bā sè de fēi jī zǎo shang   diǎn   fēn qǐ fēi
去 巴 色 的 飞 机 早 上 6 点 30 分 起 飞 。

ການນັດພົບຂອງຂ້ອຍກັບຜູ້ອຳນວຍການແມ່ນຕົກລົງເອົາເວລາ 11 ໂມງ.

wǒ yǔ jīng lǐ de yuē huì dìng zài   diǎn
我 与 经 理 的 约 会 定 在 11 点 。

ຂ້ອຍຈະມາຕ້ອນຮັບເຈົ້າເວລາປະມານ 19 ໂມງ.

wǒ   diǎn zuǒ yòu lái jiē nǐ
我 19 点 左 右 来 接 你 。

ຂ້ອຍຈະອອກເດີນທາງພາຍຫລັງ 2 ຊົ່ວໂມງນີ້.

wǒ liǎng gè xiǎo shí hòu chū fā
我 两 个 小 时 后 出 发 。

ປົດຄຽວຜວກຂ້ອຍຈະກັບຄືນມາ.

wǒ men guò yī huìr   jiù huí lái
我 们 过 一 会 儿 就 回 来 。

ການທັດສະນາຈອນຕ້ອງການເວລາປະມານ 1 ຊົ່ວໂມງ 30 ນາທີ.

cān guān xū yào   gè bàn xiǎo shí zuǒ yòu
参 观 需 要 1 个 半 小 时 左 右 。

ຂື້ລົດເມຈາກວຽງຈັນໄປຫລວງພະບາງງກິນເວລາປະມານ 8 ຊົ່ວໂມງ.

cóng wàn xiàng chéng zuò kè chē dào láng bó lā bāng dà yuē yào   gè xiǎo shí
从 万 象 乘 坐 客 车 到 琅 勃 拉 邦 大 约 要 8 个 小 时 。

ພາກທີສອງ

ຮູບປະໂຫຍກສະແດງສະພາບຕ່າງໆ

dì èr bù fen
第二部分

qíng jǐng biǎo dá jù xíng
情景表达句型

ລະບຽບການທີ່ຈຳເປັນ

bì yào shǒu xù
必要手续

ຮ້ອງຂໍວິຊາທົ່ວໄປ

shēn qǐng yī bān qiān zhèng
申 请 一 般 签 证

ຢູ່ກົງສຸນໃຫຍ່ຫລືຢູ່ສະຖານທູດ
zài lǐng shì guǎn huò dà shǐ guǎn
在 领 事 馆 或 大 使 馆 。

ຜູ້ຮ້ອງຂໍ
申 请 者

ຂ້ອຍຮ້ອງຂໍວິຊາເຂົ້າເມືອງລາວ / ລັດຖະການຢູ່ລາວ / ທຸລະກິດຢູ່ລາວ /
ໄປຮ່ຳຮຽນຢູ່ລາວ / ໄປທ່ອງທ່ຽວລາວ.
wǒ shēn qǐng qù lǎo wō de rù jìng gōng wù shāng wù liú xué lǚ yóu qiān
我 申 请 去 老 挝 的 入 境 / 公 务 / 商 务 / 留 学 / 旅 游 签
zhèng
证 。

ຂ້ອຍຮ້ອງຂໍວິຊາທີ່ສາມາດເຂົ້າອອກໄດ້ຫລາຍເທື່ອຕະຫລອດ 3 ເດືອນ.
wǒ xiǎng shēn qǐng gè yuè nèi duō cì wǎng fǎn de qiān zhèng
我 想 申 请 3个 月 内 多 次 往 返 的 签 证 。

ມີຄະນະຜູ້ແທນຈີນຄະນະຫນຶ່ງຈາກໄປສຳຫລວດທີ່ປະເທດລາວ, ຂໍໃຫ້

ທ່ານເຮັດວີຊາໃຫ້ເຂົາເຈົ້າແດ່.

yī gè zhōng guó dài biǎo tuán qián wǎng lǎo wō kǎo chá qǐng nín gěi tā men fā
一 个 中 国 代 表 团 前 往 老 挝 考 察 ，请 您 给 他 们 发
qiān zhèng
签 证 。

ກະລຸນາບອກໃຫ້ຂ້າພະເຈົ້າແດ່, ຄວນເຮັດລະບຽບການວີຊາຜ່ານແດນບໍ?

nín néng gào su wǒ yīng bàn nǎ xiē shǒu xù ma
您 能 告 诉 我 应 办 哪 些 手 续 吗 ？

ຂໍຖາມແດ່, ໄປບາງກອກໂດຍຜ່ານອຸດງຈັນຕ້ອງການວີຊາຜ່ານແດນບໍ?

qǐng wèn jīng wàn xiàng qián wǎng màn gǔ xū yào bàn lǐ guò jìng qiān zhèng ma
请 问 经 万 象 前 往 曼 谷 需 要 办 理 过 境 签 证 吗 ？

ຕ້ອງການເວລາເທົ່າໃດຈິ່ງແລ້ວ?

xū yào duō cháng shí jiān cái néng bàn hǎo
需 要 多 长 时 间 才 能 办 好 ？

ຫວັງວ່າວີຊາຂອງຂ້ອຍຈະມີຜືນໃຊ້ໄດ້ໃນເວລາ 3 ເດືອນ.

wǒ xī wàng wǒ de qiān zhèng yǒu xiào qī wéi   gè yuè
我 希 望 我 的 签 证 有 效 期 为 3 个 月 。

ຂ້ອຍຢາກຮູ້ວ່າເປັນຫຍັງຈິ່ງບໍ່ອອກວີຊາໃຫ້ຂ້ອຍ.

wǒ xiǎng zhī dào wǒ wèi shén me bèi jù qiān
我 想 知 道 我 为 什 么 被 拒 签 。

ເປັນຫຍັງພວກເຈົ້າຈິ່ງບໍ່ອອກວີຊາໃຫ້ຂ້ອຍ?

nǐ men wèi shén me jù jué fā gěi wǒ qiān zhèng
你 们 为 什 么 拒 绝 发 给 我 签 证 ？

ພະນັກງານ

职 员

ທ່ານມີຫນັງສືເຊື້ອເຊີນບໍ?

nín yǒu yāo qǐng xìn ma
您 有 邀 请 信 吗 ？

ຈຸດປະສົງໃນການທ່ອງທ່ຽວຂອງທ່ານແມ່ນຫຍັງ?

nín lǚ yóu de dòng jī shì shén me
您 旅 游 的 动 机 是 什 么？

ທ່ານຢາກຢູ່ດົນປານໃດ?

nín dǎ suàn dòu liú duō cháng shí jiān
您 打 算 逗 留 多 长 时 间？

ຄັນຢູ່ບໍ່ກາຍ 24 ຊົ່ວໂມງ, ກໍບໍ່ຕ້ອງການວີຊາຜ່ານແຖບ.

rú guǒ tíng liú shí jiān bù chāo guò   xiǎo shí   jiù bù xū yào bàn guò jìng qiān
如 果 停 留 时 间 不 超 过 24 小 时 ， 就 不 需 要 办 过 境 签
zhèng
证 。

ເຊີນຂຽນຂໍ້ຄວາມໃສ່ຕາຕະລາງຮ້ອງຂໍເຫລົ່ານີ້.

qǐng tián xiě zhè xiē shēn qǐng biǎo gé
请 填 写 这 些 申 请 表 格 。

ເຊີນທ່ານເອົາໜັງສືຜ່ານແຖບຂອງທ່ານໃຫ້ພວກຂ້ອຍ.

qǐng bǎ nín de hù zhào jiāo gěi wǒ men
请 把 您 的 护 照 交 给 我 们 。

ຢ່າງຫລາຍແມ່ນຄ້າ 3 ມື້.

zuì duō yào děng   tiān
最 多 要 等 3 天 。

ນີ້ແມ່ນວີຊາທີ່ມີສິດເຂົ້າປະເທດລາວໄດ້.

zhè shì qián wǎng lǎo wō de yǒu xiào qiān zhèng
这 是 前 往 老 挝 的 有 效 签 证 。

ສາຍເຫດທີ່ທ່ານຖືກປະຕິເສດວີຊານັ້ນ ກໍຍ້ອນວ່າເຫດຜົນຂອງທ່ານບໍ່
ພຽງພໍ.

nín zhī suǒ yǐ bèi jù qiān shì yīn wèi nín de lǐ yóu bù chōng fèn
您 之 所 以 被 拒 签 是 因 为 您 的 理 由 不 充 分 。

ທ່ານຍັງຂາດເອກະສານ, ເຊີນທ່ານສົ່ງເອກກະສານມາໃຫ້ຄົບຖ້ວນ.

nín hái quē cái liào   qǐng bǎ cái liào bǔ qí
您 还 缺 材 料 ， 请 把 材 料 补 齐 。

ເລື່ອນໄລຍະເວລາທີ່ໜັງສືຜ່ານແດນ ມີຜົນສັກສິດ

yán cháng hù zhào yǒu xiào qī
延 长 护 照 有 效 期

ໜັງສືຜ່ານແດນຂອງຂ້ອຍເກີນເວລາກຳນົດແລ້ວ.

wǒ de hù zhào yǐ jīng guò qī
我 的 护 照 已 经 过 期 。

ຈະສາມາດເຮັດລະບຽບການເລື່ອນໄລຍະເວລາໜັງສືຜ່ານແດນໃຫ້ມີ ຜົນສັກສິດຢູ່ໃສ?

yán cháng hù zhào yǒu xiào qī de shǒu xù zài nǎ lǐ bàn lǐ ne
延 长 护 照 有 效 期 的 手 续 在 哪 里 办 理 呢 ?

ຂ້ອຍຢາກຈະເລື່ອນໄລຍະເວລາໜັງສືຜ່ານແດນຂອງຂ້ອຍໃຫ້ມີຜົນ ສັກສິດອອກໄປເຖິງ 2 ປີ.

wǒ xiǎng bǎ wǒ de hù zhào yǒu xiào qī yán cháng liǎng nián
我 想 把 我 的 护 照 有 效 期 延 长 两 年 。

ໄລຍະເວລາທີ່ມີຜົນສັກສິດຂອງໜັງສືຜ່ານແດນຂ້ອຍໄດ້ເລື່ອນໄປ ຮອດວັນ ທີ 5 ພຶດສະພາ ປີ 2021.

wǒ de hù zhào yǒu xiào qī yǐ jīng yán cháng dào   nián   yuè   rì
我 的 护 照 有 效 期 已 经 延 长 到 2021 年 5 月 5 日 。

ຂ້ອຍໄດ້ເຮັດລະບຽບການທີ່ເລື່ອນໄລຍະເວລາຂອງໜັງສືຜ່ານແດນ ອອກໄປອີກ 2 ປີ ທີ່ສຳນັກງານກົງສຸນ.

wǒ yǐ zài lǐng shì guǎn bàn hǎo le hù zhào yán qī liǎng nián de shǒu xù
我 已 在 领 事 馆 办 好 了 护 照 延 期 两 年 的 手 续 。

ການກວດກາຢູ່ຂາຍແດນ

biān jiǎn
边 检

ຕຳຫລວດປ້ອງກັນຊາຍແດນ

ຂໍເບິ່ງເອົາຫນັງສືຜ່ານແດນຂອງທ່ານອອກມາໃຫ້ເບິ່ງແດ່.

qǐng chū shì nín de hù zhào
请 出 示 您 的 护 照 。

ເຈົ້າໄດ້ຽນຂໍ້ຄວາມໃສ່ບັດແຈ້ງເຂົ້າເມືອງແລ້ວບໍ?

nǐ tián xiě rù jìng kǎ le ma
你 填 写 入 境 卡 了 吗 ？

ເວລາຜ່ານແດນ, ເຈົ້າຄວນເອົາຫນັງສືຜ່ານແດນອອກມາກວດກາ.

guò biān jiǎn shí   nǐ yīng chū shì hù zhào
过 边 检 时 , 你 应 出 示 护 照 。

ເຈົ້າມີຫນັງສືຢັ້ງຢືນແບບສາກົນກ່ຽວກັບການສັກຢາກັນພະຍາດບໍ?

nǐ yǒu guó jì yù fáng jiē zhòng zhèng míng ma
你 有 国 际 预 防 接 种 证 明 吗 ？

ໄດ້ແລ້ວ, ເຈົ້າເຂົ້າເມືອງໄດ້.

hǎo   nǐ kě yǐ rù jìng le
好 , 你 可 以 入 境 了 。

ຜູ້ເຂົ້າເມືອງ

ນີ້ແມ່ນໃບຮ້ອງຂໍເຂົ້າປະເທດຂອງພວກຂ້ອຍ.

zhè shì wǒ men de rù jìng shēn qǐng shū
这 是 我 们 的 入 境 申 请 书 。

ພວກຂ້ອຍມາຢັ້ງຢາມ ໂດຍໄດ້ຮັບການເຊື້ອເຊີນຂອງມະຫາວິທະຍາ
ໄລແຫ່ງຊາດລາວ.

wǒ men shì yìng lǎo wō guó lì dà xué de yāo qǐng lái fǎng wèn de
我 们 是 应 老 挝 国 立 大 学 的 邀 请 来 访 问 的。

ຂ້ອຍມາຮຽນຕໍ່ຢູ່ປະເທດລາວ.

wǒ lái lǎo wō liú xué
我 来 老 挝 留 学。

ຂ້ອຍມາຮຽນພາສາລາວຢູ່ມະຫາວິທະຍາໄລແຫ່ງຊາດລາວ.

wǒ lái lǎo wō guó lì dà xué xué xí lǎo wō yǔ
我 来 老 挝 国 立 大 学 学 习 老 挝 语。

ຜ່ານດ່ານພາສີ

guò hǎi guān
过 海 关

ພະນັກງານດ່ານພາສີ

海 关 关 员

ໜັງສືຜ່ານແດນ / ວິຊາຂອງທ່ານໝົດອາຍຸກຳນົດໃຊ້ແລ້ວ, ເພາະ
ກາຍເວລາກຳນົດແລ້ວ.

nín de hù zhào qiān zhèng shī xiào le yǐ jīng guò qī le
您 的 护 照 / 签 证 失 效 了 ，已 经 过 期 了。

ມີຫຍັງຕ້ອງການແຈ້ງຕໍ່ບໍ?

nín yǒu shén me xū yào shēn bào ma
您 有 什 么 需 要 申 报 吗？

ມີຫຍັງຕ້ອງເສຍພາສີບໍ?

nín yǒu shén me yào shàng shuì de ma
您 有 什 么 要 上 税 的 吗？

ນີ້ແມ່ນໃບແຈ້ງຕໍ່ດ່ານພາສີ, ເຊີນທ່ານຂຽນຂໍ້ຄວາມໃຫ້ດີກ່ອນ, ແລ້ວ
ຄ່ອຍລໍຖ້າກວດກາ.

zhè shì hǎi guān shēn bào biǎo qǐng nín xiān tián hǎo   rán hòu děng dài jiǎn chá
这 是 海 关 申 报 表 ， 请 您 先 填 好 ， 然 后 等 待 检 查 。

ທ່ານຕ້ອງການຂຽນຂໍ້ຄວາມແຕ່ວັດຖຸສິ່ງຂອງທີ່ລຽນຢູ່ໃບແຈ້ງ.

nín zhǐ xū tián xiě shēn bào biǎo shang liè chū de wù pǐn
您 只 需 填 写 申 报 表 上 列 出 的 物 品 。

ວັດຖຸສິ່ງຂອງທີ່ຕ້ອງການເສຍພາສີຄວນລາຍງານໃຫ້ໝົດ.

suǒ yǒu shàng shuì wù pǐn dōu yīng shēn bào
所 有 上 税 物 品 都 应 申 报 。

ທ່ານມີເຄື່ອງຂອງເດີນທາງຈັກອັນ?

nín yǒu duō shao jiàn xíng li
您 有 多 少 件 行 李 ?

ເຄື່ອງຂອງເດີນທາງຂອງທ່ານມີຫຍັງແດ່?

nín de xíng li dōu yǒu xiē shén me
您 的 行 李 都 有 些 什 么 ?

ເຊີນໄຂຫີບຫ່ວຍນີ້.

qǐng dǎ kāi zhè zhī xiāng zi
请 打 开 这 只 箱 子 。

ອັນນີ້ແມ່ນບໍ່ຍົກເວັ້ນພາສີ.

zhè shì miǎn shuì de
这 是 免 税 的 。

ຕາມຂໍ້ກຳໝົດ, ເຄື່ອງອຸປະກອນນີ້ຕ້ອງການເສຍພາສີ.

àn guī dìng   zhè tái yí qì yào shàng shuì
按 规 定 ， 这 台 仪 器 要 上 税 。

ສາມາດຖຸເຫລົ້າ 2 ແກ້ວໄປນຳໄດ້ໂດຍຍົກເວັ້ນພາສີ.

kě yǐ miǎn shuì xié dài liǎng píng jiǔ
可 以 免 税 携 带 两 瓶 酒 。

ທ່ານມີເງິນຕາຕ່າງປະເທດບໍ?

nín yǒu wài bì ma
您 有 外 币 吗？

ສິ່ງຂອງເຫລົ່ານີ້ແມ່ນທ້າມເອົາເຂົ້າ, ຈະຖືກຮິບ.

zhè xiē shì wéi jìn pǐn   yào mò shōu
这 些 是 违 禁 品， 要 没 收 。

ໃບແຈ້ງການຂອງທ່ານມີອັນປອມແປງ.

nín de shēn bào zhōng yǒu jiǎ
您 的 申 报 中 有 假 。

ທ່ານຢາກຫລົບຫລີກ / ຫລີກລ່ຽງພາສີໂດຍເຈດຕະນາ.

nín yǒu yì táo shuì
您 有 意 逃 税 。

ກ້ອງຖ່າຍນີ້ມີໃບຮັບ / ບິນ (bill) ບໍ?

zhè bù xiàng jī nǐ yǒu fā piào ma
这 部 相 机 你 有 发 票 吗？

ເຄື່ອງຂອງນີ້ແມ່ນຂອງປອມ, ທ່ານຊື້ຢູ່ໃສ?

zhè jiàn wù pǐn shì yàn pǐn   nín zài nǎr   mǎi de
这 件 物 品 是 赝 品， 您 在 哪 儿 买 的？

ຮຽບຮ້ອຍແລ້ວ, ເຂົ້າໄດ້.

hǎo   xíng le   guò ba
好 ， 行 了， 过 吧 。

ຜູ້ເຂົ້າເມືອງ

入 境 者

ຫນັງສືຜ່ານແດນຂອງພວກຂ້ອຍໄດ້ຖືກກວດກາແລ້ວ.

wǒ men de hù zhào yǐ jīng jiǎn guò le
我 们 的 护 照 已 经 检 过 了 。

ຂ້ອຍບໍ່ມີຫຍັງຈະແຈ້ງ.

wǒ méi yǒu shén me shēn bào de
我 没 有 什 么 申 报 的 。

ນີ້ແມ່ນໂສ້ງເສື້ອ / ເຄື່ອງຂອງສ່ວນຕົວຂ້ອຍ.
zhè shì wǒ de gè rén yī wù   gè rén wù pǐn
这 是 我 的 个 人 衣 物 / 个 人 物 品 。

ເຄື່ອງຂອງເຫລົ່ານີ້ຂ້ອຍຕ້ອງລາຍງານໃຫ້ໝົດບໍ?
wǒ de zhè xiē wù pǐn dōu yào liè chū lái ma
我 的 这 些 物 品 都 要 列 出 来 吗 ?

ເຄື່ອງຂອງອັນໃດແດ່ ຍົກເວັ້ນພາສີໄດ້?
nǎ xiē wù pǐn shì miǎn shuì de
哪 些 物 品 是 免 税 的 ?

ຂ້ອຍສາມາດເອົາຫຍັງທີ່ຍົກເວັ້ນພາສີເຂົ້າໄດ້ແດ່?
wǒ kě yǐ miǎn shuì dài shén me
我 可 以 免 税 带 什 么 ?

ອັນນີ້ຕ້ອງການເສຍພາສີບໍ?
zhè ge yào shàng shuì ma
这 个 要 上 税 吗 ?

ຂ້ອຍຄວນເສຍຄ່າພາສີຄ່ານເທົ່າໃດ?
wǒ yīng fù duō shao guān shuì
我 应 付 多 少 关 税 ?

ສາມາດເອົາເງິນສົດເຂົ້າໄດ້ເທົ່າໃດ?
kě yǐ dài duō shao xiàn jīn
可 以 带 多 少 现 金 ?

ຮ້ອງຂໍຫນັງສືອະນຸຍາດໃຫ້ຢູ່ອາໄສ

shēn qǐng jū liú zhèng
申 请 居 留 证

ຜູ້ຮ້ອງຂໍ
申 请 者

ຂ້ອຍຢາກຮ້ອງຂໍຫນັງສືອະນຸຍາດໃຫ້ຢູ່ອາໄສ, ບໍ່ຮູ້ວ່າຕ້ອງໄປແຮັດ
ຢູ່ໃສ?

wǒ xiǎng shēn qǐng jū liú zhèng   bù zhī dào zài nǎr   bàn lǐ
我 想 申 请 居 留 证 ，不 知 道 在 哪 儿 办 理 ?

ຂໍໂທດ, ຂ້ອຍຮ້ອງຂໍຫນັງສືອະນຸຍາດໃຫ້ຢູ່ອາໄສ.

láo jià   wǒ shēn qǐng jū liú zhèng
劳 驾 ，我 申 请 居 留 证 。

ການຮ້ອງຂໍຫນັງສືອະນຸຍາດໃຫ້ຢູ່ອາໄສຄັ້ງທໍາອິດຄວນມີ (ປະກອບ)
ເອກະສານອັນໃດແດ່?

chū cì shēn qǐng jū liú zhèng yīng tí gōng nǎ xiē zhèng jiàn
初 次 申 请 居 留 证 应 提 供 哪 些 证 件 ?

ນີ້ແມ່ນເອກະສານຂຶ້ນທະບຽນຢູ່ມະຫາວິທະຍາໄລແຫ່ງຊາດ, ເອກະ
ສານເຮືອນພັກອາໄສ ແລະ ເອກະສານປະກັນໄພສັງຄົມຂອງຂ້ອຍທີ່ຢູ່
ນະຄອນຫລວງວຽງຈັນ.

zhè shì wǒ zài guó lì dà xué de zhù cè   zhù fáng zhèng míng hé zài wàn xiàng
这 是 我 在 国 立 大 学 的 注 册 、 住 房 证 明 和 在 万 象
de shè huì bǎo xiǎn zhèng míng
的 社 会 保 险 证 明 。

ຕ້ອງໄປກວດກາຮ່າງກາຍຢູ່ໃສຈິ່ງໄດ້ໃບຢັ້ງຢືນສຸຂະພາບທີ່ມີຜົນ
ສັກສິດ?

yào zài nǎr   tǐ jiǎn cái néng dé dào yǒu xiào de jiàn kāng zhèng míng
要 在 哪 儿 体 检 才 能 得 到 有 效 的 健 康 证 明 ?

ຂ້ອຍຢາກເລື່ອນໄລຍະເວລາຂອງໜັງສືອະນຸຍາດໃຫ້ຢູ່ອາໄສອອກໄປ
ໃຫ້ມີຜົນໃຊ້ໄດ້ເວລາ 6 ເດືອນອີກ.

wǒ xiǎng bǎ jū liú zhèng yán cháng gè yuè
我 想 把 居 留 证 延 长 6 个 月 。

ພະນັກງານ

职 员

ຢູ່ປະເທດລາວ, ຢາກຮ້ອງຂໍໃບອະນຸຍາດໃຫ້ຢູ່ອາໄສຕ້ອງໄປເຈົດຢູ່
ກະຊວງພາຍໃນ.

zài lǎo wō shēn qǐng jū liú zhèng yào dào nèi wù bù bàn lǐ
在 老 挝 申 请 居 留 证 要 到 内 务 部 办 理 。

ໃຫ້ທ່ານເອົາໜັງສືຜ່ານແດນຂອງທ່ານອອກມາໃຫ້ເບິ່ງແດ່.

qǐng chū shì nín de hù zhào
请 出 示 您 的 护 照 。

ເອກະສານຂອງທ່ານມີຄົບຖ້ວນແລ້ວບໍ?

nín de zhèng jiàn dōu bèi qí le ma
您 的 证 件 都 备 齐 了 吗 ?

ເຈົ້າ / ທ່ານໄດ້ມີປະກັນໄພສັງຄົມແລ້ວບໍ?

nǐ nín shì fǒu cān jiā le shè huì bǎo xiǎn
你 / 您 是 否 参 加 了 社 会 保 险 ?

ເຈົ້າ / ທ່ານມີໜັງສືຢັ້ງຢືນການຮັບປະກັນສັງຄົມບໍ?

nǐ nín yǒu shè huì bǎo xiǎn zhèng míng ma
你 / 您 有 社 会 保 险 证 明 吗 ?

ເຈົ້າ / ທ່ານຄວນໄປກວດກາງສຸຂະພາບຢູ່ໂຮງໝໍ.

nǐ nín yīng dào yī yuàn jiē shòu tǐ jiǎn
你 / 您 应 到 医 院 接 受 体 检 。

ເຈົ້າ / ທ່ານຄວນມອບໃບກວດກາງສຸຂະພາບຂອງ ໂຮງໝໍໃຫ້ພວກເຮົາ.

nǐ nín yīng tí gōng yī yuàn chū jù de tǐ jiǎn jié guǒ
你 / 您 应 提 供 医 院 出 具 的 体 检 结 果 。

ເຊີນມອບຮູບຖ່າຍ 3 ໃບ.

qǐng jiāo　　zhāng zhào piàn
请 交 3 张　 照　 片 。

ເຊີນໄປເສຍຜາສີອາກອນຢູ່ພຸ້ນ.

qǐng dào nàr　　jiāo yìn huā shuì
请 到 那 儿 交 印 花 税 。

ນີ້ແມ່ນໜັງສືອະນຸຍາດໃຫ້ຢູ່ອາໄສຂອງເຈົ້າ / ທ່ານ.

zhè shì nǐ　　nín de jū liú zhèng
这 是 你 / 您 的 居 留　 证 。

ຢາກປ່ຽນໜັງສືອະນຸຍາດໃຫ້ຢູ່ອາໄສ　ຄວນຍື່ນໃບຮ້ອງຂໍກ່ອນເວລາ 2 ເດືອນ.

gēng huàn jū liú zhèng yīng zài qī mǎn qián liǎng gè yuè tí chū shēn qǐng
更　 换 居 留　 证 应 在 期 满　 前 两 个 月 提 出 申　 请 。

ຄົມມະນາຄົມແລະລຳລຽງຂົນສົ່ງ

jiāo tōng yùn shū
交 通 运 输

ຂີ່ເຮືອບິນ

chéng fēi jī
乘 飞 机

ຜູ້ໂດຍສານ

 客

ຂ້ອຍຢາກຊື້ປີ້ຍົນ ໄປຄຸນໝິງໃນວັນອາທິດ ໜຶ່ງປີ້.

wǒ xiǎng mǎi yī zhāng xīng qī tiān qù kūn míng de jī piào
我 想 买 一 张 星 期 天 去 昆 明 的 机 票 。

ຂ້ອຍຢາກຈອງປີ້ຍົນແຕ່ວຽງຈັນເຖິງບາງກອກໃນວັນທີ 18 ພຶດສະພາ 2 ປີ້.

wǒ xiǎng dìng liǎng zhāng   yuè   rì wàn xiàng dào màn gǔ de jī piào
我 想 订 两 张 5 月 18 日 万 象 到 曼 谷 的 机 票 。

ອາໂລ, ຂໍຖາມແດ່, ນີ້ແມ່ນບ່ອນຂາຍປີ້ຂອງສາຍການບິນລາວບໍ?
ຂ້ອຍຕ້ອງການຈອງປີ້ຍົນວຽງຈັນເຖິງຫລວງພະບາງວັນທີ 8 ສິງຫາ
ໜຶ່ງປີ້.

wèi   qǐng wèn shì lǎo wō háng bān shòu piào chù ma   wǒ yào dìng yī zhāng 8
喂 ， 请 问 是 老 挝 航 班 售 票 处 吗 ？ 我 要 订 一 张 8
yuè   rì wàn xiàng zhì láng bó lā bāng de fēi jī piào
月 8 日 万 象 至 琅 勃 拉 邦 的 飞 机 票 。

ຈົ່ງບອກໃຫ້ຂ້ອຍຊາບແດ່ວ່າ, ຄ່າປີ້ຍົນເທົ່າໃດ?

qǐng gào su wǒ jī piào shì duō shao qián

请 告 诉 我 机 票 是 多 少 钱 ?

ຍົນຖ້ຽວນີ້ມີປີ້ລາຄາພິເສດບໍ?

zhè tàng fēi jī yǒu tè jià piào ma

这 趟 飞 机 有 特 价 票 吗 ?

ຂ້ອຍຈຳເປັນຕ້ອງເລື່ອນວັນເວລາອອກເດີນທາງ.

wǒ děi tuī chí chū fā rì qī

我 得 推 迟 出 发 日 期 。

ຂ້ອຍຢາກປ່ຽນວັນເວລາອອກເດີນທາງ.

wǒ xiǎng biàn gēng chū fā rì qī

我 想 变 更 出 发 日 期 。

ຂ້ອຍຢາກຍົກເລີກການສັ່ງຈອງປີ້ຍົນ.

wǒ yào qǔ xiāo dìng piào

我 要 取 消 订 票 。

ມີຍົນຈາກວຽງຈັນໄປຫຼົ້ງສາລີບໍ?

wàn xiàng dào fēng shā lǐ yǒu fēi jī ma

万 象 到 丰 沙 里 有 飞 机 吗 ?

ຍົນຈະລົງສະຫວັນນະເຂດບໍ?

fēi jī zài shā wān ná jí tíng liú ma

飞 机 在 沙 湾 拿 吉 停 留 吗 ?

ຂ້ອຍຄວນມາຮອດເດີນຍົນຈັກໂມງ?

wǒ yīng zài jǐ diǎn dào dá jī chǎng

我 应 在 几 点 到 达 机 场 ?

ພວກເຮົາໄປຝາກທີບເດີນທາງ.

wǒ men qù tuō yùn xíng li

我 们 去 托 运 行 李 。

ຜູ້ໂດຍສານສາມາດຝາກທີບເດີນທາງໄດ້ນະລະຈັກກີໂລໂດຍບໍ່ເສຍຄ່າ?

měi yī wèi chéng kè kě yǐ miǎn fèi tuō yùn duō shao qiān kè xíng li

每 一 位 乘 客 可 以 免 费 托 运 多 少 千 克 行 李 ?

ທຽບເດີນທາງທີ່ນ້ຳໜັກກາຍກຳນົດຕ້ອງເສຍຄ່າເທົ່າໃດ?

chāo zhòng xíng li yào fù duō shao qián
超 重 行 李 要 付 多 少 钱 ?

ທຽບເດີນທາງຂອງຂ້ອຍຈະຝາກໄວ້ຢູ່ບ່ອນຮັບຝາກໄດ້ບໍ?

wǒ de xíng li kě yǐ cún fàng zài bǎo guǎn chù ma
我 的 行 李 可 以 存 放 在 保 管 处 吗 ?

ບ່ອນຮັບຝາກທຽບເດີນທາງຢູ່ໃສ?

xíng li bǎo guǎn chù zài nǎr
行 李 保 管 处 在 哪 儿 ?

ຂ້ອຍຢາກໄດ້ບ່ອນນັ່ງທີ່ແປະປ່ອງຢ້ຽມ / ທາງຜ່ານ.

wǒ yào yī gè kào chuāng guò dào de wèi zi
我 要 一 个 靠 窗 / 过 道 的 位 子 。

ຈະຂຶ້ນຍົນຢູ່ປະຕູໃດ?

cóng nǎ ge mén dēng jī
从 哪 个 门 登 机 ?

ຍົນຈະຂຶ້ນຈັກໂມງ / ລົງຈັກໂມງ?

fēi jī jǐ diǎn qǐ fēi zhuó lù
飞 机 几 点 起 飞 / 着 陆 ?

ຂ້ອຍວິນຫົວເວລາຂຶ້ນຍົນ.

wǒ yùn jī
我 晕 机 。

ຂ້ອຍຈະໄປເອົາທຽບເດີນທາງທີ່ສາຍສົ່ງ.

wǒ qù xíng li chuán sòng dài qǔ xíng li
我 去 行 李 传 送 带 取 行 李 。

ຂ້ອຍບໍ່ເຫັນທຽບຫນ່ວຍຫນຶ່ງ, ກະລຸນາຊ່ວຍຊອກໃຫ້ແດ່.

wǒ shǎo le yī zhī xiāng zi láo jià nǐ zhǎo yī xià
我 少 了 一 只 箱 子 , 劳 驾 你 找 一 下 。

ນັ້ນແມ່ນທຽບຫນັງສີດຳ, ມີຊື່ຂອງຂ້ອຍຕິດຢູ່ຫນ້າທຽບ.

nà shì yī zhī hēi sè de pí xiāng shàng miàn yǒu wǒ de míng zi
那 是 一 只 黑 色 的 皮 箱 , 上 面 有 我 的 名 字 。

ພະນັກງານ

职 员

ຕັ້ຣອຍົນເລກ 505 ບໍ່ມີບ່ອນນັ່ງແລ້ວ.

háng bān yǐ jīng méi yǒu zuò wèi le
505 航 班 已 经 没 有 座 位 了。

ເຈົ້າຢາກຊື້ປີ້ຕັ້ຣອດຣວຫລືປີ້ໄປກັບ?

nǐ xiǎng mǎi dān chéng piào hái shi shuāng chéng piào
你 想 买 单 程 票 还 是 双 程 票?

ຄວນຈອງປີ້ຍົ້ນກ່ອນນີ້ເດີນທາງ 3 ມື້.

yīng tí qián tiān dìng piào
应 提 前 3 天 订 票。

ຕ້ອງຕໍ່ຍົ້ນຢູ່ປາກເຊ.

zài bā sè yào zhōng zhuǎn
在 巴 色 要 中 转。

ເຈົ້າຄວນມາເຖິງເດີນຍົ້ນກ່ອນເວລາຍົ້ນຂຶ້ນຫນຶ່ງຊົ່ວໂມງ.

nǐ yīng zài qǐ fēi qián xiǎo shí dào dá jī chǎng
你 应 在 起 飞 前 1 小 时 到 达 机 场。

ບ່ອນຮັບຝາກຫີບເດີນທາງຢູ່ຫັ້ນ.

xíng li bǎo guǎn chù zài nà lǐ
行 李 保 管 处 在 那 里。

ຂີ່ຍົ້ນສາມາດເອົາຫີບເດີນທາງໄປນຳໄດ້ 20 ກິໂລ. ຖ້ານ້ຳຫນັກກາຍ
ກຳນົດຕ້ອງເສຍຄ່າກິໂລລະ × × ໂດລາ.

chéng zuò fēi jī kě yǐ xié dài qiān kè xíng li ruò chāo zhòng měi qiān
乘 坐 飞 机 可 以 携 带 20 千 克 行 李。若 超 重, 每 千
kè yīng fù měi yuán
克 应 付 × × 美 元。

ເຊີນເອົາຫີບເດີນທາງໄວ້ຢູ່ເທິງຊິ່ງເພື່ອຊັ່ງນ້ຳຫນັກ.

qǐng bǎ xíng li fàng zài bàng shang guò bàng
请 把 行 李 放 在 磅 上 过 磅。

ນີ້ແມ່ນໃບຂຶ້ນຍົນແລະໃບຝາກສິ່ງທີບເດີນທາງ.

zhè shì nǐ de dēng jī kǎ hé xíng li tuō yùn dān
这 是 你 的 登 机 卡 和 行 李 托 运 单 。

ເຊີນເອົາໃບຂຶ້ນຍົນອອກມາໃຫ້ເບິ່ງແດ່.

qǐng chū shì dēng jī kǎ
请 出 示 登 机 卡 。

ຍ່ປະຕູອອກເຈົ້າ / ທ່ານຄວນເອົາໃບຝາກທີບເດີນທາງອອກມາໃຫ້ເບິ່ງ

nǐ nín yīng zài chū kǒu chù chū shì xíng li tuō yùn dān
你 / 您 应 在 出 口 处 出 示 行 李 托 运 单 。

ກະຈາຍສຽງ

🔊 喇 叭 广 播

ຂໍແຈ້ງໃຫ້ບັນດາທ່ານຊາບ, ທ່ານຜູ້ໃດທີ່ຂຶ້ນຍົນສາຍການບິນລາວໄປ
ຄຸນໝິງ, ເຊີນຮີບເຂົ້າໄປທ້ອງລໍຖ້າ ແລະ ຂຶ້ນຍົນ.

qǐng zhù yì chéng zuò lǎo wō háng bān qián wǎng kūn míng de lǚ kè qǐng mǎ
请 注 意 ， 乘 坐 老 挝 航 班 前 往 昆 明 的 旅 客 请 马
shàng dào hòu jī tīng dēng jī
上 到 候 机 厅 登 机 。

ຖ້ຽວບິນໄປອຸດົມໄຊຈະເລື່ອນເວລາຂຶ້ນ / ບິນ 2 ຊົ່ວໂມງເພາະເຄື່ອງ
ຈັກເກີດຂັດຂ້ອງ.

qián wǎng wū duō mǔ sài de háng bān yīn jī qì gù zhàng tuī chí liǎng gè xiǎo shí
前 往 乌 多 姆 赛 的 航 班 因 机 器 故 障 推 迟 两 个 小 时
qǐ fēi
起 飞 。

ຖ້ຽວບິນທີ່ໄປຟ້ງສາລີຖືກຍົກເລີກຍ້ອນອາກາດບໍ່ດີ.

qù fēng shā lǐ de háng bān yīn tiān qì bù hǎo bèi qǔ xiāo le
去 丰 沙 里 的 航 班 因 天 气 不 好 被 取 消 了 。

ບາງສາຍບໍລິການໃນບິນ

空 中 小 姐

ບິນຈະຂຶ້ນ / ຈະລົງແລ້ວ, ເຊີນຮັດສາຍແອວປະກັນໄພໃຫ້ດີ!

fēi jī jiù yào qǐ fēi jiàng luò le qǐng jì hǎo ān quán dài
飞 机 就 要 起 飞 / 降 落 了 , 请 系 好 安 全 带 !

ເຊີນມ້ວນພາເຂົ້ານ້ອຍໄວ້ໃຫ້ດີ!

qǐng shōu qǐ xiǎo cān zhuō
请 收 起 小 餐 桌 !

ເຊີນມ້ວນບ່ອນນັ່ງໃຫ້ຣຽບຮ້ອຍດີ.

qǐng bǎ zuò wèi shōu huí dào yuán lái de wèi zhì
请 把 座 位 收 回 到 原 来 的 位 置 。

ຄຳສັບເພີ່ມເຕີມ
补 充 词 汇

ຮ່າໂນຍ 河内	ພະນົມເປັນ 金边	ມານິລາ 马尼拉
ກົວລາລຳເປີ 吉隆坡	ຈາກາກາຕາ 雅加达	ຍາງກຸ້ງ 仰光
ສິງກະໂປ 新加坡	ໂຊນ 首尔	ໂຕກຽວ 东京
ພຽງຍາງ 平壤	ອິນເດຍ 印度	ນິວເດລີ 新德里
ອາເມລິກາ 美国	ນິວຢອກ 纽约	ວໍຊິງຕັນ 华盛顿
ລັດເຊຍ 俄罗斯	ຝະລັ່ງ 法国	ປາລີ 巴黎
ອັງກິດ 英国	ລອນດອນ 伦敦	ປັກກິ່ງ 北京
ຊຽງໄຮ້ 上海	ກວາງໂຈ່ວ 广州	ໜານໜິງ 南宁
ຮົງກົງ 香港		

ຂີ່ລົດເມ

chéng gōng gòng qì chē
乘 公 共 汽 车

ຜູ້ໂດຍສານ

ໄປມະຫາວິທະຍາໄລແຫ່ງຊາດຕ້ອງຂີ່ລົດເມໝາຍເລກ 29 ບໍ?
qù guó lì dà xué shì chéng　　lù gōng gòng qì chē ma
去 国 立 大 学 是 乘 29路 公 共 汽 车 吗？

ຂໍຖາມແດ່ ລົດເມໝາຍເລກ 30 ຢູ່ໃສ?
qǐng wèn　　lù gōng gòng qì chē zài nǎr
请 问 30路 公 共 汽 车 在 哪 儿？

ຢູ່ວຽງຈັນຂີ່ລົດເມສະດວກບໍ?
zài wàn xiàng chéng chē fāng biàn ma
在 万 象 乘 车 方 便 吗？

ໄປວັດອົງຕື້ຄວນລົງລົດຢູ່ໃສ?
qù hóng dé sì yīng zài nǎr　 xià chē
去 洪 德 寺 应 在 哪 儿 下 车？

ໄປວັດຊຽງຄວນຂີ່ລົດເມໝາຍເລກໃດ?
qù sāng kē sì yīng chéng nǎ lù gōng gòng qì chē
去 桑 科 寺 应 乘 哪路 公 共 汽 车？

ຂໍໂທດ, ຊື້ປີ້ລົດໜຶ່ງປີ້ແດ່.
láo jià　　mǎi yī zhāng chē piào
劳 驾 ，买 一 张 车 票 。

ຂໍໂທດ, ຂ້ອຍຢາກລົງລົດ.
duì bu qǐ　　wǒ yào xià chē
对 不 起 ，我 要 下 车 。

ກະລຸນາໄຂປະຕູໃຫ້ແດ່.
láo jià　qǐng kāi mén
劳驾，请开门。

ຄຳຕອບ
回 答

ໄປມະຫາວິທະຍາໄລແຫ່ງຊາດຕ້ອງຂຶ້ລົດເມໝາຍເລກ 29 ຫລືໝາຍ
ເລກ 30.
qù guó lì dà xué chéng　　lù huò　　lù gōng gòng qì chē
去 国 立 大 学 乘 29 路 或 30 路 公 共 汽 车 。

ລົດເມໝາຍເລກ 30 ຢູ່ນັບຕະຫລາດດາຂື້.
　　lù gōng gòng qì chē jiù zài dá là shào shì chǎng páng biān
30 路 公 共 汽 车 就 在 达 腊 邵 市 场 旁 边 。

ຢ່ອງຈັບຂຶ້ລົດເມສະດວກຢູ່, ນັບຕະຫລາດດາຂຶ້ກໍມີຄື / ສະຖານີລົດເມ.
zài wàn xiàng shì chéng gōng gòng qì chē hái shi hěn fāng biàn de　dá là shào
在 万 象 市 乘 公 共 汽 车 还 是 很 方 便 的 ，达 腊 邵
shì chǎng páng biān jiù yǒu yī gè gōng gòng qì chē zhàn
市 场 旁 边 就 有 一 个 公 共 汽 车 站 。

ກໍລົງຢູ່ວັດຮອງຕີ້ຫັນລະບໍ.
jiù zài hóng dé sì zhàn xià chē
就 在 洪 德 寺 站 下 车 。

ໄປວັດຊຸງຄອບຄວນຂຶ້ລົດເມສາຍທີ່ໄປທ່າເດື່ອ.
qù sāng kē sì yīng chéng qù tǎ dé de gōng gòng qì chē
去 桑 科 寺 应 乘 去 塔 德 的 公 共 汽 车 。

ຂີ່ລົດຮັບຈ້າງ / ຕັກຊີ (TAXI)

chéng chū zū chē
乘 出 租 车

ສະຖານີ (ຄິວ) ລົດຕັກຊີຢູ່ໃສ / ບ່ອນຈອດລົດຕັກຊີຢູ່ໃສ?

chū zū qì chē zhàn zài nǎr
出 租 汽 车 站 在 哪儿 ?

ຂໍໂທດ, ລົດຂອງເຈົ້າວ່າງບໍ?

qǐng wèn nǐ de chē kòng ma
请 问 , 你 的 车 空 吗 ?

ຂໍໃຫ້ໄປສົ່ງຂ້ອຍທີ່ສະຖານທູດຈີນ, ຂ້ອຍມີວຽກດ່ວນ.

qǐng bǎ wǒ sòng dào zhōng guó dà shǐ guǎn wǒ yǒu jí shì
请 把 我 送 到 中 国 大 使 馆 , 我 有 急 事 。

ຕັກຊີ, ກະລຸນາໄປສົ່ງຂ້ອຍທີ່ສະຖາບັນການເມືອງ ແລະ ການຄຸ້ມຄອງ
ແຫ່ງຊາດແດ່.

chū zū chē láo jià qù guó jiā zhèng zhì xíng zhèng xué yuàn
出 租 车 , 劳 驾 , 去 国 家 政 治 行 政 学 院 。

ບໍລິສັດນີ້ຢູ່ໝ່ທາດຫລວງ.

zhè jiā gōng sī wèi yú tǎ luán fù jìn
这 家 公 司 位 于 塔 銮 附 近 。

ກະລຸນາຊ່ວຍເອົາກະເປົາໄວ້ໃນຫ້ອງລົດ.

láo jià qǐng bāng máng bǎ xíng li fàng jìn xíng li xiāng
劳 驾 , 请 帮 忙 把 行 李 放 进 行 李 箱 。

ຢ່າຂັບໄວຫລາຍ.

bié kāi tài kuài
别 开 太 快 。

ຢຸດ. ຂ້ອຍຈະລົງ (ລົດ) ຢູ່ນີ້.

tíng xià lái wǒ zài zhèr xià chē
停 下 来 , 我 在 这 儿 下 车 。

ຫລັກຫນົ່ງລາຄາເທົ່າໃດ?

jià gé shì měi qiān mǐ duō shao qián

价格是每千米多少钱？

ຂ້ອຍຄວນຈ່າຍເທົ່າໃດ?

wǒ yīng fù duō shao qián

我应付多少钱？

ຜູ້ຂັບລົດ

司机

ທ່ານ / ເຈົ້າຕ້ອງການໄປໃສ?

nín nǐ yào dào nǎr   qù

您 / 你要到哪儿去？

ເຮືອນເລກທີເທົ່າໃດ?

mén pái shì duō shao hào

门牌是多少号？

ລາຄາໄດ້ແຈ້ງຢູ່ເຄື່ອງຄິດໄລ່ໝັນ.

jià gé zài jì fèi biǎo shang xiǎn shì

价格在计费表上显示。

ຄຳສັບເພີ່ມເຕີມ
补充词汇

ຫົນທາງ 道路	ຖະໜົນ 街道，马路
ໄຟແດງ 红灯	ໄຟຂຽວ 绿灯
ທາງຫຼວງ 公路	ທາງແຍກທາງແບ່ງ 岔路
ທາງດ່ວນ 高速公路	ທາງສີ່ແຍກ 十字路口
ປາກທາງແຍກ 岔口	ລົດເມ 公共汽车，客车
ທາງລັດ 捷径	ລົດໂດຍສານທາງໄກ 长途汽车
ລົດເປີດຜອງ / ລົດເປີດຫລັງຄາ 敞篷车	
ລົດກະບະ 皮卡车	ລົດໂຕໂຍຕາ 丰田车
ລົດຕຸກຕຸກ / ລົດສາມລໍ້ 三轮摩托	ລົດເກັງ / ລົດເກງ 轿车
ລົດໄຟ 火车	ລົດຈັກ 摩托车
ລົດແກ່ 人力车	ລົດຖີບ 自行车
ເມືອງຈັນທະບຸລີ 占他武里县	ເມືອງສີໂຄຕະບອງ 西科达邦县
ຖະໜົນລ້ານຊ້າງ 澜沧路	ຖະໜົນສາມແສນໄທ 桑森泰路
ຖະໜົນທາດຫລວງ 塔銮路	
ຖະໜົນໄຊເສດຖາທິລາດ 赛榭塔提腊路	

ໄປສະນີໂທລະເລກ
yóu diàn
邮 电

ຢູ່ສູນກາງໄປສະນີ
zài yóu zhèng zhōng xīn
在 邮 政 中 心

 ລູກຄ້າ

顾 客

ສູນກາງໄປສະນີໄຂ / ອັດປະຕູຈັກ ໂມງ?
yóu zhèng zhōng xīn jǐ diǎn zhōng kāi mén guān mén
邮 政 中 心 几 点 钟 开 门 / 关 门？

ຝາກຈົດໝາຍໄປປະເທດຈີນຕ້ອງຕິດສະແຕມລາຄາເທົ່າໃດ?
jì yī fēng xìn dào zhōng guó yào tiē duō shao qián de yóu piào
寄 一 封 信 到 中 国 要 贴 多 少 钱 的 邮 票？

ຂ້ອຍຢາກຝາກຈົດໝາຍລົງທະບຽນ.
wǒ xiǎng jì yī fēng guà hào xìn
我 想 寄 一 封 挂 号 信。

ຂ້ອຍຢາກຝາກຈົດໝາຍດ່ວນ.
wǒ xiǎng jì kuài jiàn
我 想 寄 快 件。

ນີ້ຝາກເປັນສິ່ງພິມໄດ້ບໍ?

zhè ge kě yǐ dàng yìn shuā pǐn jì ma

这个可以当印刷品寄吗？

ເວລາເກັບຈົດໝາຍເທື່ອທິທນຶ່ງ / ເທື່ອສຸດທ້າຍຈັກໂມງ?

dì yī cì zuì hòu yī cì shōu xìn shì jǐ diǎn

第一次／最后一次收信是几点？

ຢູ່ນີ້ມີສະແຕມລະລຶກຂາຍບໍ?

zhè lǐ yǒu jì niàn yóu piào mài ma

这里有纪念邮票卖吗？

ກະລຸນາ, ຂໍສະແຕມລາຄາ 2 000 ກີບ 5 ໃບແດ່.

láo jià gěi zhāng jǐ pǔ lǎo wō huò bì dān wèi de yóu piào

劳驾，给5张2 000基普（老挝货币单位）的邮票。

ຕູ້ໄປສະນີຢູ່ໃສ?

yóu tǒng zài nǎr

邮筒在哪儿？

ຝາກທີ່ພັດໄປສະນີພັນຢູ່ປ່ອງໃດ?

jì bāo guǒ zài nǎ ge chuāng kǒu

寄包裹在哪个窗口？

ຝາກທີ່ໄປສະນີພັນໄປຕ່າງປະເທດໂດຍທາງບົກ / ທາງອາກາດລາຄາ ເທົ່າໃດ?

jì wǎng guó wài de lù lù háng kōng bāo guǒ yào duō shao qián

寄往国外的陆路／航空包裹要多少钱？

ຢ່າງຫລາຍໃຫ້ຝາກໄດ້ຈັກກິໂລ?

zuì duō néng jì duō shao zhòng liàng

最多能寄多少重量？

ລົງທະບຽນການແຈ້ງທີ່ພັດໄປສະນີພັນຢູ່ຫ້ອງການໃດ?

zài nǎr bàn lǐ bāo guǒ bào guān shǒu xù

在哪儿办理包裹报关手续？

ຂໍໃຫ້ຊ່ວຍຂ້ອຍໂອນເງິນ 2 000 ໂດລາແດ່.

qǐng bāng wǒ huì　　　 měi yuán
请 帮 我 汇 2 000 美 元 。

ຂ້ອຍຢາກຝາກໃບໂອນເງິນໜຶ່ງໃບ.

wǒ yào jì yī zhāng huì kuǎn dān
我 要 寄 一 张 汇 款 单 。

ຂໍໂທດ, ຂ້ອຍຢາກຖອນເງິນໃບໃບໂອນເງິນນີ້.

láo jià　　 wǒ yào lǐng zhè zhāng huì kuǎn dān de qián
劳 驾 , 我 要 领 这 张 汇 款 单 的 钱 。

ພະນັກງານ

职 员

ສູນການໄປສະນີໄວປະຕູຕອນເຊົ້າແຕ່ 9 ໂມງ, ແລະ ປິດປະຕູໃນຕອນ
ແລງ 6 ໂມງ.

yóu zhèng zhōng xīn shàng wǔ　　 diǎn kāi mén　　 xià wǔ　　 diǎn guān mén
邮 政 中 心 上 午 9 点 开 门 , 下 午 6 点 关 门 。

ຝາກຈົດໝາຍໄປປະເທດຈີນຕ້ອງຕິດສະແຕມທີ່ມີລາຄາ 5 000 ກີບ.

jì yī fēng xìn dào zhōng guó yào tiē　　 jǐ pǔ de yóu piào
寄 一 封 信 到 中 国 要 贴 5 000 基 普 的 邮 票 。

ເຈົ້າສາມາດຝາກຈົດໝາຍທຳມະດາ / ຈົດໝາຍສົ່ງທາງອາກາດ /
ຈົດໝາຍລົງທະບຽນໄດ້.

nǐ kě yǐ jì píng xìn　 háng kōng xìn　 guà hào xìn
你 可 以 寄 平 信 / 航 空 信 / 挂 号 信 。

ປຶ້ມແລະໜັງສືພິມຝາກເປັນສິ່ງພິມໄດ້.

shū hé bào zhǐ kě yǐ dàng yìn shuā pǐn jì
书 和 报 纸 可 以 当 印 刷 品 寄 。

ເວລາຮັບຈົດໝາຍເທື່ອທີໜຶ່ງແມ່ນ 11 ໂມງເຊົ້າ, ເທື່ອສຸດທ້າຍແມ່ນ
6 ໂມງ ແລງ.

dì yī cì shōu xìn shí jiān shì shàng wǔ　　 diǎn　　 zuì hòu yī cì shì xià wǔ　　 diǎn
第 一 次 收 信 时 间 是 上 午 11 点 , 最 后 一 次 是 下 午 6 点 。

ສະແຕມລະລຶກຕ້ອງໄປຊື້ຢູ່ໂຮງໄປສະນີ.

jì niàn yóu piào yào dào yóu zhèng jú qù mǎi
纪 念 邮 票 要 到 邮 政 局 去 买 。

ຕູ້ໄປສະນີຢູ່ຂ້າງຂ້າຍປະຕູ.

yóu tǒng zài mén kǒu zuǒ bian
邮 筒 在 门 口 左 边 。

ຝາກຫໍ່ໄປສະນີພັນຢູ່ປ່ອງທີ 3.

jì bāo guǒ zài dì gè chuāng kǒu
寄 包 裹 在 第 3 个 窗 口 。

ໃບຫໍ່ໄປສະນີພັນມີຫຍັງແດ່?

bāo guǒ li zhuāng de shì shén me
包 裹 里 装 的 是 什 么 ？

ເຊີນຂຽນໃບແຈ້ງທີບຫໍ່ໄປສະນີພັນນີ້.

qǐng tián xiě zhè zhāng bāo guǒ shēn bào biǎo
请 填 写 这 张 包 裹 申 报 表 。

ເຈົ້າມີບັດປະຈຳຕົວບໍ?

nǐ yǒu shēn fèn zhèng ma
你 有 身 份 证 吗 ？

ຂອງຂວັນນີ້ບໍ່ຈຳເປັນຫໍ່.

nǐ de lǐ pǐn bù bì bāo zhuāng
你 的 礼 品 不 必 包 装 。

ຄຳສັບເພີ່ມເຕີມ
补 充 词 汇

ຕູ້ໄປສະນີ 邮筒，信箱

ໂທລະພິມ（ເຕເລັກ）电传

ແຟັກ / ໂທລະສານ（FAX）传真

ຖົງເມໄປສະນີ 邮政信袋

ເຈ້ຍຈົດໝາຍ 信纸

ສະຫຼັກຫຼັງຊອງຈົດໝາຍ（ຈ່າຫນ້າຊອງ）在信封上写收信人的名字

和地址

ຜູ້ຝາກຈົດໝາຍ 寄信人

ໃບຮັບເງິນທາງໄປສະນີ 汇票

ຈົດໝາຍດ່ວນ 快信

ທະນະບັດ 信汇

ຝາກເງິນທາງໄປສະນີ（ຝາກມັງດາ）汇款

ໂທລະເລກ 电报

ຄົນສົ່ງໜັງສື 邮递员

ມັງດາໂທລະເລກ 电汇

ຊອງຈົດໝາຍ 信封

ຜູ້ຮັບຈົດໝາຍ 收信人

ຈົດໝາຍລົງທະບຽນ 挂号信

ຈົດໝາຍທຳມະດາ 平信

ຫ້ອງຮັບສົ່ງໜັງສື 收发室

ລົດໄປສະນີ 邮政车

ໂທລະສັບ
diàn huà
电 话

ໂທລະສັບ

ສະບາຍດີ，ຂ້ອຍແມ່ນບາງຈາງລີ. ຂໍຖາມແດ່，ທ່ານບຸນມີຢູ່ບໍ?

nín hǎo　　wǒ shì zhāng　lì　　qǐng wèn bēn mǐ xiān sheng zài ma

您 好！我 是 张 莉，请 问 奔 米 先 生 在 吗？

ສະບາຍດີ, ນີ້ແມ່ນເຮືອນຂອງທ່ານບຸນມີບໍ?

nín hǎo shì bēn mǐ xiān sheng jiā ma
您 好 , 是 奔 米 先 生 家 吗 ?

ສະບາຍດີ, ນີ້ແມ່ນໂຮງແຮມລ້ານຊ້າງບໍ? ກະລຸນາຕໍ່ຫ້ອງ 218 ໃຫ້

ແດ່.

nín hǎo shì lán cāng bīn guǎn ma qǐng zhuǎn hào fáng
您 好 , 是 澜 沧 宾 馆 吗 ? 请 转 218 号 房 。

ສະບາຍດີ, ຂໍໃຫ້ຊ່ອຍໄປເອີ້ນທ່ານບຸນມີມາຮັບໂທລະສັບແດ່.

nín hǎo qǐng bāng wǒ jiào bēn mǐ xiān sheng lái jiē yī xià diàn huà
您 好 , 请 帮 我 叫 奔 米 先 生 来 接 一 下 电 话 。

ສະບາຍດີ, ແມ່ນທ່ານບຸນມີບໍ?

nín hǎo shì bēn mǐ xiān sheng ma
您 好 , 是 奔 米 先 生 吗 ?

ຮັບໂທລະສັບ

接 电 话

ອາໂລ, ນີ້ແມ່ນຫ້ອງການບໍລິສັດພັດທະນາເຂດພູດອຍ. ມີຫຍັງເຊີນ

ເວົ້າເລີຍ!

wèi zhè lǐ shì shān dì gōng sī bàn gōng shì qǐng jiǎng
喂 , 这 里 是 山 地 公 司 办 公 室 。 请 讲 !

ອາໂລ, ຂ້ອຍແມ່ນບຸນມີ ມີຫຍັງເຊີນເວົ້າໂລດ.

wèi wǒ shì bēn mǐ qǐng jiǎng
喂 , 我 是 奔 米 , 请 讲 。

ອາໂລ, ມາຈາກໃສບໍ?

wèi shì nǎ yī wèi ya
喂 , 是 哪 一 位 呀 ?

ຢ່າປົງໂທລະສັບເດີ້, ຂ້ອຍຈະຕໍ່ໃຫ້.

bié guà diàn huà wǒ gěi nín zhuǎn guò qù
别 挂 电 话 , 我 给 您 转 过 去 。

ຖ້າບົດຄຽວເດີ້, ຂ້ອຍຊິກໍ່ໃຫ້.

děng yī huìr　　wǒ zhuǎn gěi tā
等 一 会 儿 , 我 转 给 他 。

ມີອຫຍັງບໍ / ມີຫຍັງບໍ?

yǒu shén me shì
有 什 么 事 ?

ໂທລະສັບຂອງລາວບໍ່ມີຄົນຮັບ.

tā de diàn huà méi rén jiē
他 的 电 话 没 人 接 。

ໂທລະສັບຂອງລາວບໍ່ວ່າງ, ບົດຄຽວຈິ່ງ ໂທມາອີກເດີ້!

tā de diàn huà zhàn xiàn　qǐng děng yī xià zài dǎ guò lái
他 的 电 话 占 线 , 请 等 一 下 再 打 过 来 。

ລາວບໍ່ຢູ່.

tā bù zài
他 不 在 。

ລາວຜອມປະຊຸມ / ພັກ / ອອກໄປປະຕິບັດຫນ້າທີ.

tā zhèng zài kāi huì　xiū jià　chū chāi
他 正 在 开会 / 休假 / 出 差 。

ລາວຜອມຮັບໂທລະສັບ. ຖ້າບົດຄຽວຈິ່ງ ໂທມາໄດ້ບໍ?

tā zhèng zài jiē diàn huà　děng yī huìr　zài dǎ lái　hǎo ma
他 正 在 接 电 话 。 等 一 会 儿 再 打 来 , 好 吗 ?

ທ່ານຕ້ອງການຂອງບັນທຶກຂໍ້ຄວາມໄວ້ໃຫ້ເພິ່ນບໍ?

nín yào bù yào gěi tā liú yán
您 要 不 要 给 他 留 言 ?

ຄວາມເວົ້າໃຊ້ທົ່ວໄປ

qí tā cháng yòng yǔ
其他常用语

ນີ້ມີໂທລະສັບບໍ?
zhè lǐ yǒu diàn huà ma
这里有电话吗？

ເຈົ້າມີບັດໂທລະສັບບໍ?
nǐ yǒu diàn huà kǎ ma
你有电话卡吗？

ຂ້ອຍໃຊ້ໂທລະສັບເຈົ້າຫານ້ອຍຫນຶ່ງໄດ້ບໍ?
wǒ néng jiè nín de diàn huà dǎ yī xià ma
我能借您的电话打一下吗？

ໂທລະສັບບໍ່ມີສັນຍານ.
diàn huà méi yǒu xìn hào
电话没有信号。

ແມ່ນໂທຫາພາຍໃນທ້ອງຖິ່ນນີ້ຫລືແຫ່ງອື່ນ?
shì dǎ běn dì hái shi wài dì
是打本地还是外地？

ຖ້າແມ່ນໂທຫາພາຍໃນຕົວເມືອງນີ້ ກໍບີບເລກໂທລະສັບຂອງຜູ້ທີ່ເຈົ້າ
ຕ້ອງການໂທຫາໂດຍກົງ.
yào shi dǎ běn shì de jiù zhí jiē bō nín yào dǎ de diàn huà hào mǎ
要是打本市的就直接拨您要打的电话号码。

ຖ້າແມ່ນໂທຫາແຫ່ງອື່ນ, ຄວນບີບເລກສູນກ່ອນ ແລ້ວຈິ່ງບີບເລກໂທ
ລະສັບຂອງຜູ້ທີ່ເຈົ້າຕ້ອງການໂທຫາ.
yào shi dǎ wài dì de xiān bō   rán hòu zài bō duì fāng de diàn huà hào mǎ
要是打外地的先拨0，然后再拨对方的电话号码。

ບຸນມີ, ມີຄົນໂທມາຫາເຈົ້າ / ມີໂທລະສັບຂອງເຈົ້າ.
bēn mǐ　yǒu nǐ de diàn huà
奔 米 ， 有 你 的 电 话 。

ຂ້ອຍຜອມລໍຖ້າໂທລະສັບ.
wǒ zài děng diàn huà
我 在 等 电 话 。

ຫວ່າງກີ້ມີ້ ຂ້ອຍໄດ້ໂທໄປຫາບຸນມີແລ້ວ.
gāng cái wǒ yǔ bēn mǐ tōng guo diàn huà le
刚 才 我 与 奔 米 通 过 电 话 了 。

ຂ້ອຍໄດ້ຮັບໂທລະສັບທີ່ທ່ານບຸນຈັນໂທມາ.
wǒ jiē dào bēn zhàn xiān sheng de diàn huà
我 接 到 奔 占 先 生 的 电 话 。

ຂ້ອຍໂທບໍ່ເຂົ້າໂທລະສັບຂອງເຈົ້າ.
wǒ dǎ bù tōng nǐ de diàn huà
我 打 不 通 你 的 电 话 。

ເຈົ້າໂທເຂົ້າມືຖືຂ້ອຍເວລາໃດກໍໄດ້.
nǐ kě yǐ suí shí dǎ wǒ de shǒu jī
你 可 以 随 时 打 我 的 手 机 。

ຂ້ອຍຄິດວ່າງາງຈະແມ່ນເຈົ້າປືນເລກຜິດແລ້ວ.
wǒ xiǎng nǐ shì nòng cuò hào mǎ le
我 想 你 是 弄 错 号 码 了 。

ເຈົ້າປືນເລກຜິດແລ້ວ.
nǐ bō cuò hào mǎ le
你 拨 错 号 码 了 。

ຢູ່ທະນາຄານ

zài yín háng
在银行

ແລກປ່ຽນເງິນຕາຕ່າງປະເທດ

duì huàn wài bì
~ 兑 换 外 币 ~

ລູກຄ້າ

 顾 客

ຂໍຖາມແດ່, ຢູ່ໃສຈິ່ງແລກປ່ຽນເງິນຕາຕ່າງປະເທດໄດ້?

qǐng wèn　 nǎr 　 kě yǐ duì huàn wài bì
请 问 ， 哪儿可以 兑 换 外 币 ？

ຂ້ອຍຢາກເອົາເງິນກີບແລກປ່ຽນເປັນເງິນໂດລາ / ປອນອັງກິດ / ເງິນ
ຝະລັ່ງ / ເອີໂຣ.

wǒ xiǎng bǎ jǐ pǔ duì huàn chéng měi yuán　 yīng bàng　 fǎ láng　 ōu yuán
我 想 把基普兑 换 成 美 元 / 英 镑 / 法 郎 / 欧 元 。

ຂ້ອຍຢາກເອົາເງິນຈີນແລກປ່ຽນເປັນເງິນບາດ.

wǒ xiǎng bǎ rén mín bì duì huàn chéng tài zhū
我 想 把人 民 币兑 换 成 泰 铢 。

ເງິນກີບແລກປ່ຽນເປັນເງິນຕາຕ່າງປະເທດໄດ້ບໍ?

jǐ pǔ néng huàn chéng wài bì ma
基普能 换 成 外 币吗？

ອັດຕາແລກປ່ຽນເງິນໂດລາກັບເງິນກີບມື້ນີ້ມີເທົ່າໃດ?

jīn tiān měi yuán hé jī pǔ de duì huàn lǜ shì duō shao
今 天 美 元 和 基 普 的 兑 换 率 是 多 少 ？

ລາຄາຕິດປ້າຍປະກາດລະຫວ່າງເງິນເອີໂຣກັບເງິນໂດລາເທົ່າໃດ?

ōu yuán duì huàn měi yuán de pái jià shì duō shao
欧 元 兑 换 美 元 的 牌 价 是 多 少 ？

ອັດຕາໂອນເງິນໂດລາ / ເງິນບາດມື້ນີ້ມີເທົ່າໃດ?

jīn tiān měi yuán tài zhū de huì lǜ shì duō shao
今 天 美 元 / 泰 铢 的 汇 率 是 多 少 ？

ປ້າຍປະກາດລາຄາຢູ່ໃສ?

pái jià gōng bù zài nǎr
牌 价 公 布 在 哪 儿 ？

ອັດຕາໂອນເງິນຕ່າງປະເທດໃນສອງສາມມື້ານີ້ຍັງຄືເກົ່າບໍ?

zhè jǐ tiān de huì lǜ hái shi wéi chí yuán yàng ma
这 几 天 的 汇 率 还 是 维 持 原 样 吗 ？

ພະນັກງານ

职 员

ເຈົ້າ / ທ່ານມີເງິນສະກຸນໃດ?

nǐ nín chí yǒu hé zhǒng wài bì
你 / 您 持 有 何 种 外 币

ເຈົ້າ / ທ່ານມີເງິນສົດຫລືເຊັກ ?

nǐ nín chí xiàn jīn hái shi zhī piào
你 / 您 持 现 金 还 是 支 票 ？

ເຈົ້າ / ທ່ານຢາກແລກປ່ຽນເທົ່າໃດ?

nǐ nín xiǎng huàn duō shao
你 / 您 想 换 多 少 ？

ແມ່ນຂາຍຫລືຊື້?

shì mài chū hái shi mǎi jìn
是 卖 出 还 是 买 进 ？

ອັດຕາໂອນ / ອັດຕາແລກປ່ຽນແມ່ນ $ 100 : ₭1.042.000.

huì lǜ   duì huàn lǜ shì   měi yuán huàn   jī pǔ
汇率 / 兑 换 率是100 美 元 换 1 042 000 基 普 。

ອັດຕາໂອນເງິນໂດລາໄດ້ຫລຸດລົງແລ້ວ.

měi yuán de huì lǜ xià jiàng le
美 元 的 汇率下 降 了 。

ຄ່າເງິນຫລຽນເອີໂຣຂຶ້ນແລ້ວ, ຫລຽນເອີໂຣຫລຽນຫນຶ່ງແລກໄດ້
× × ໂດລາ.

ōu yuán shēng le   ōu yuán huàn   měi yuán
欧 元 升 了 , 1欧 元 换 × × 美 元 。

ການຝາກຫລືຖອນເງິນ

cún qǔ kuǎn
~ 存 取 款 ~

ລູກຄ້າ

顾 客

ຂ້ອຍຈະໄປຝາກເງິນ / ຖອນເງິນຢູ່ທະນາຄານອຸງຈັນພານິດ.

wǒ qù yǒng zhēn shāng yè yín háng cún qián   qǔ qián
我 去 永 珍 商 业 银 行 存 钱 / 取 钱 。

ຂໍໂທດ, ຂ້ອຍຢາກຝາກເງິນ / ຖອນເງິນ.

láo jià   wǒ yào cún kuǎn   qǔ kuǎn
劳 驾 , 我 要 存 款 / 取 款 。

ຂໍໂທດ, ຂ້ອຍຢາກເປີດບັນຊີ.

láo jià   wǒ xiǎng kāi yī gè hù tóu
劳 驾 , 我 想 开 一 个 户 头 。

ຕ້ອງການໝັ້ງສືອະນຸຍາດໃຫ້ຢູ່ອາໄສແລະໃບຢັ້ງຢືນເຊົ່າເຮືອນບໍ?

xū yào tí gōng jū liú zhèng hé zū fáng zhèng ma
需 要 提 供 居 留 证 和 租 房 证 吗？

ຂໍໂທດ ຈຳນວນເງິນທີ່ຍັງເຫລືອໃນບັນຊີຂອງຂ້ອຍມີເທົ່າໃດ?

qǐng wèn wǒ zhàng shang de yú é shì duō shao
请 问 我 账 上 的 余 额 是 多 少？

ຂ້ອຍຢາກຮູ້ວ່າອັດຕາດອກເບ້ຍການຝາກປະຈັດປະຈຳແມ່ນເທົ່າໃດ?

wǒ xiǎng zhī dào dìng qī cún kuǎn de lì lǜ shì duō shao
我 想 知 道 定 期 存 款 的 利 率 是 多 少？

ຂ້ອຍຢາກຝາກກະແສລາຍວັນ.

wǒ xiǎng cún huó qī
我 想 存 活 期。

ດອກເບ້ຍຈະຕ້ອງເສຍພາສີບໍ?

lì xī yào shàng shuì ma
利 息 要 上 税 吗？

ຂ້ອຍຢາກຍົກເລີກບັນຊີເງິນຝາກ.

wǒ xiǎng xiāo hù
我 想 销 户。

ຈຳນວນຖືກແລ້ວ, ຂອບໃຈ!

shù mù duì le xiè xie
数 目 对 了，谢 谢！

ກະລຸນາ, ເອົາເງິນຍ່ອຍເຫລົ່ານີ້ແລກເປັນເງິນໃບໃຫຍ່, ໄດ້ບໍ?

láo jià qǐng bǎ zhè líng qián huàn chéng dà piào hǎo ma
劳 驾，请 把 这 零 钱 换 成 大 票，好 吗？

ເອົາທະນະບັດໃບລະສິບໂດລາສິບໃບແລະໃບລະຫ້າພັນກີບຫ້າສິບໃບໃຫ້

ຂ້ອຍ, ໄດ້ບໍ?

kě yǐ gěi wǒ zhāng miàn zhí měi yuán hé zhāng jī pǔ de piào
可 以 给 我 10 张 面 值 10 美 元 和 50 张 5 000 基 普 的 票
zi ma
子 吗？

ຂ້ອຍຢາກໄດ້ປຶ້ມເຊັກທ໊ວໜຶ່ງ.

wǒ xiǎng bàn yī běn zhī piào
我 想 办 一 本 支 票 。

ປຶ້ມເຊັກຂອງຂ້ອຍໃຊ້ໝົດແລ້ວ, ຂ້ອຍຢາກເຮັດທ໊ວໃໝ່.

wǒ de zhī piào běn yǐ jīng yòng wán le   wǒ xiǎng bàn yī běn xīn de
我 的 支 票 本 已 经 用 完 了 ，我 想 办 一 本 新 的 。

ຂໍໂທດ, ຂ້ອຍຢາກເບີກເງິນສົດໃບເຊັກໃບນີ້.

láo jià   wǒ xiǎng duì xiàn zhè zhāng zhī piào
劳 驾 ，我 想 兑 现 这 张 支 票 。

ຂ້ອຍຢາກໂອນເງິນງວດໜຶ່ງໄປບັນຊີຕ່າງປະເທດ.

wǒ xiǎng bǎ yī bǐ kuǎn huì dào guó wài de yī gè hù tóu
我 想 把 一 笔 款 汇 到 国 外 的 一 个 户 头 。

ຂ້ອຍເຮັດໃບສິນເຊື່ອ / ບັດເຄຣດິດເສຍແລ້ວ, ຕອນນີ້ມາແຈ້ງການ
ສູນເສຍ.

wǒ yí shī le xìn yòng kǎ   xiàn zài lái guà shī
我 遗 失 了 信 用 卡 ，现 在 来 挂 失 。

ພະນັກງານ

职 员

ເຈົ້າຢາກຝາກປະຍັດປະຈຳທລິຝາກກະແສລາຍວັນ?

nǐ xiǎng cún dìng qī hái shi huó qī
你 想 存 定 期 还 是 活 期 ？

ອັດຕາດອກເບ້ຍແມ່ນ 3% ຕໍ່ປີ.

yī nián de lì lǜ shì
一 年 的 利 率 是 3% 。

ນີ້ແມ່ນເຊັກທີ່ຈົດຊື່ / ບໍ່ຈົດຊື່ / ໂອນບັນຊີ / ທ່ອງທ່ຽວ / ໂອນຈ່າຍ.

zhè shì yī zhāng jì míng bù jì míng zhuǎn zhàng lǚ xíng bǎo fù zhī piào
这 是 一 张 记 名 / 不 记 名 / 转 账 / 旅 行 / 保 付 支 票 。

ເຊີນຂອງນຂໍ້ຄວາມໃສ່ໃບຕາຕະລາງນີ້.

qǐng nín tián xiě zhè zhāng biǎo gé
请 您 填 写 这 张 表 格 。

ຂຽນຊື່ຂອງເຈົ້າໃສ່ນີ້.

zài cǐ qiān shàng nín de míng zi
在 此 签 上 您 的 名 字 。

ເຈົ້າ, ນີ້ແມ່ນປຶ້ມເງິນຝາກທະນາຄານຂອງເຈົ້າ. ຖ້າມັນຕົກເຮ່ຍ,
ເຊີນມານີ້ແຈ້ງການສູນເສຍເດີ.

hǎo le   zhè shì nín de cún zhé   ruò diū shī   qǐng xiàng wǒ men guà shī
好 了 , 这 是 您 的 存 折 。 若 丢 失 , 请 向 我 们 挂 失 。

ນີ້ແມ່ນເງິນຕົ້ນທຶນແລະດອກເບ້ຍໃນບັນຊີເງິນຝາກທະນາຄານຂອງ
ທ່ານ.

zhè shì nín hù tóu de běn jīn hé lì xī
这 是 您 户 头 的 本 金 和 利 息 。

ເຈົ້າເບີກເງິນເກີນບັນຊີແລ້ວ.

nín de hù tóu tòu zhī le
您 的 户 头 透 支 了 。

ທ່ານຈື່ເລກໃບເຊັກທີ່ຈົດຊື່ນີ້ໄດ້ບໍ?

nín jì de zhè zhāng jì míng zhī piào de hào mǎ ma
您 记 得 这 张 记 名 支 票 的 号 码 吗 ?

ເຈົ້າຕ້ອງຂຽນອ່າຈ່າຍແລ້ວ / ວັນເວລາແລະຊື່ຂອງເຈົ້າໃສ່ຫລັງ
ເຊັກນີ້.

nín děi zài zhī piào bèi miàn xiě shàng   fù qì   zì yàng   rì qī bìng qiān
您 得 在 支 票 背 面 写 上 " 付 讫 " 字 样 / 日 期 , 并 签
shàng míng zi
上 名 字 。

ເຊີນໄປຖອນເງິນທີ່ປ່ອງຮັບຈ່າຍ.

qǐng dào chū nà chuāng kǒu qǔ qián
请 到 出 纳 窗 口 取 钱 。

ຄຳສັບເພີ່ມເຕີມ

补 充 词 汇

ເງິນຢວນຈີນ 人民币　　ເງິນຝະລັ່ງ 法郎

ເງິນລູປີ 卢比（印度、巴基斯坦）　　ເງິນລຸບ 卢布（俄罗斯）

ເງິນເຢັນຍີ່ປຸ່ນ 日元　　ດົ້ງ 盾（越南）

ອັດຕາດອກເບ້ຍ 利率　　ອັດຕາພາສີ 税率

ເງິນເຟີ້ 通货膨胀

ຕະຫລາດເງິນຕາຕ່າງປະເທດ 外汇市场

ປະກັນໄພສັງຄົມ

shè huì bǎo xiǎn
社会保险

ລູກຄ້າ

顾客

ຂໍໂທດ, ບໍລິສັດປະກັນໄພຢູ່ໃສ?
qǐng wèn   bǎo xiǎn gōng sī zài nǎr
请 问 , 保 险 公 司 在 哪 儿 ?

ຂ້ອຍຢາກຂຶ້ນທະບຽນປະກັນໄພທາງສຸຂະພາບຕໍ່ບຸກຄົນຢູ່ບໍລິສັດຂອງ
ທ່ານ.
wǒ xiǎng zài guì gōng sī bàn lǐ rén shēn bǎo xiǎn
我 想 在 贵 公 司 办 理 人 身 保 险 。

ຂ້ອຍຢາກຂຶ້ນທະບຽນປະກັນໄພລົດຍົນຂ້ອຍ.
wǒ xiǎng gěi qì chē tóu bǎo
我 想 给 汽 车 投 保 。

ຂໍໂທດ, ຂ້ອຍຢາກຂຶ້ນທະບຽນປະກັນໄພເລື່ອງອຸປະຕິເຫດ / ເລື່ອງອັກ
ຄີໄພ / ເລື່ອງຖືກລັກໄດ້ບໍ?
qǐng wèn wǒ kě yǐ bàn lǐ shì gù huǒ zāi shī qiè bǎo xiǎn ma
请 问 我 可 以 办 理 事 故 / 火 灾 / 失 窃 保 险 吗 ?

ຄ່າປະກັນໄພເທົ່າໃດ?
bǎo xiǎn jīn shì duō shao
保 险 金 是 多 少 ?

(117)

ຂ້ອຍຈະໄດ້ຮັບການທົດແທນໃນຄະດີຖືກລັກນີ້ບໍ?

zài zhè jiàn shī qiè àn zhōng wǒ men néng dé dào péi cháng ma
在 这 件 失 窃 案 中 我 们 能 得 到 赔 偿 吗？

ພະນັກງານ

职 员

ເຊີນຂຽນຂໍ້ຄວາມໃສ່ໃບປະກັນໄພນີ້.

qǐng tián zhè zhāng bǎo xiǎn dān
请 填 这 张 保 险 单。

ເຊີນອ່ານເນື້ອໃນສັນຍາໃຫ້ລະອຽດກ່ອນແລ້ວຈິ່ງເຊັນຊື່.

qǐng zǐ xì yuè dú hé tóng   rán hòu zài qiān zì
请 仔 细 阅 读 合 同， 然 后 再 签 字。

ຖ້າປະສົບໄພ, ເຊີນແຈ້ງໃຫ້ພວກເຮົາຊາບ.

ruò shòu zāi   qǐng tōng zhī wǒ men
若 受 灾，请 通 知 我 们。

ພັກຜ່ອນໃສ

zhù sù
住 宿

ພັກຢູ່ໂຮງແຮມ

zài bīn guǎn
在宾馆

ລູກຄ້າ

 顾 客

ນີ້ແມ່ນໂຮງແຮມຈັກດາວ?

zhè shì yī jiā jǐ xīng jí bīn guǎn
这 是 一 家 几 星 级 宾 馆 ？

ຂໍໂທດ ມີຫ້ອງວ່າງບໍ?

qǐng wèn yǒu kòng fáng ma
请 问 有 空 房 吗 ？

ຫ້ອງຫນຶ່ງຄືນຫນຶ່ງລາຄາເທົ່າໃດ?

fáng jiān yī tiān duō shao qián
房 间 一 天 多 少 钱 ？

ເດັກນ້ອຍກໍ່ຕ້ອງເສຍຄ່າບໍ?

ér tóng yě yào shōu fèi ma
儿 童 也 要 收 费 吗 ？

ຢູ່ປະຈຳຈະຫຼຸດສ່ວນຮ້ອຍໃຫ້ບໍ?

cháng zhù yǒu zhé kòu ma

常　住　有　折　扣　吗？

ຂໍໂທດ, ມີເຂົ້າພ້ອມບໍ?

qǐng wèn bāo huǒ shí ma

请　问　包　伙　食　吗？

ພວກຂ້ອຍຢາກຈອງຫ້ອງທີ່ມີຕຽງດຽວ / ຫ້ອງທີ່ມີສອງຕຽງ / ຫ້ອງທີ່

ມີສາມຕຽງຫ້ອງໜຶ່ງ.

wǒ men xiǎng dìng yī jiān dān rén　shuāng rén　sān rén fáng

我　们　想　订　一　间　单　人／　双　人／三　人　房　。

ມີຫ້ອງຊຸດທີ່ມີ 3 ຫ້ອງບໍ?

yǒu sān shì de tào jiān ma

有　三　室　的　套　间　吗？

ອາທິດແລ້ວນີ້ ຂ້ອຍໄດ້ຈອງຫ້ອງໜຶ່ງ. ດຽວນີ້ຂ້ອຍຢາກຍົກເລີກ.

shàng xīng qī wǒ dìng le yī gè fáng jiān　xiàn zài wǒ xiǎng qǔ xiāo yù dìng

上　星　期我　订　了　一　个　房　间，现　在　我　想　取　消　预　订　。

ຢູ່ຊັ້ນໃດ?

zài jǐ céng

在　几　层　？

ຂຸໄຟຟ້າ (ລິບ) / ຂັນໄດຢູ່ໃສ?

diàn tī　lóu tī zài nǎr

电　梯／楼　梯　在　哪　儿？

ກະລຸນາຊ່ວຍເອົາເຄື່ອງຂອງໄປສົ່ງໃຫ້ຫ້ອງເບີ 304 ແດ່.

láo jià　qǐng bǎ wǒ de xíng li sòng dào　fáng jiān

劳　驾，请　把　我　的　行　李　送　到　304 房　间　。

ກະລຸນາໄຂປະຕູຫ້ອງ 208 ໃຫ້ແດ່.

qǐng gěi wǒ kāi　fáng

请　给　我　开 208 房　。

ຂໍ້ເອົາອາຫານຄ່ຳມາສົ່ງໃຫ້ຂ້ອຍທີ່ຫ້ອງແດ່.

qǐng bǎ wǎn cān sòng dào wǒ de fáng jiān qù

请 把 晚 餐 送 到 我 的 房 间 去 。

6 ໂມງເຊົ້າມື້ອື່ນເຈົ້າປຸກຂ້ອຍ ໄດ້ບໍ?

míng tiān zǎo shang　diǎn nǐ kě yǐ jiào xǐng wǒ ma

明 天 早 上 6 点 你 可 以 叫 醒 我 吗 ？

ກະລຸນາໄປເອີ້ນລົດຕັກຊີມາໃຫ້ຂ້ອຍຄັນໜຶ່ງແດ່ ?

qǐng gěi wǒ jiào yī bù chū zū chē　hǎo ma

请 给 我 叫 一 部 出 租 车 , 好 吗 ？

ຂ້ອຍມາຢືກເລີກການເຊົ່າຫ້ອງ.

wǒ lái tuì fáng

我 来 退 房 。

ຂ້ອຍມາຊຳລະບັນຊີ.

wǒ lái jié zhàng

我 来 结 账 。

ຄ່າບໍລິການລວມຢູ່ໃນນັ້ນແລ້ວບໍ?

fú wù fèi bāo kuò zài nèi ma

服 务 费 包 括 在 内 吗 ？

ພະນັກງານຕ້ອນຮັບທີ່ເຄົາເຕີ້

总 台 服 务 员

ສະບາຍດີ, ນີ້ແມ່ນພະແນກບໍລິການ.

fú wù tái　nǐ hǎo

服 务 台 , 你 好 。

ເຈົ້າແມ່ນບນາງ × × ບໍ?

nǐ shì　nǚ shì ma

你 是 × × 女 士 吗 ？

ບອກຊື່ຂອງທ່ານໃຫ້ຂ້ອຍຊາບໄດ້ບໍ?

néng gào su wǒ nín de míng zi ma

能 告 诉 我 您 的 名 字 吗 ？

ຖ້າຍັດຕຽວໄດ້ບໍ?
shāo děng   hǎo ma
稍 等 , 好 吗 ?

ຂໍໂທດ, ມີແຂກຢູ່ເຕັມໂຮງແຮມແລ້ວ.
duì bu qǐ   lǚ guǎn kè mǎn le
对 不 起 , 旅 馆 客 满 了 。

ຫ້ອງທີ່ມີເຄື່ອງປັບອາກາດບໍ່ມີແລ້ວ.
yǐ jīng méi yǒu kōng tiáo fáng le
已 经 没 有 空 调 房 了 。

ມີຫ້ອງຊຸດທີ່ມີ 3 ຫ້ອງແຕ່ຊຸດຕຽວ.
zhǐ yǒu yī tào sān shì de tào jiān
只 有 一 套 三 室 的 套 间 。

ທ່ານຈະເຂົ້າມາຢູ່ເວລາໃດ?
nín shén me shí hou jìn lái zhù
您 什 么 时 候 进 来 住 ?

ທ່ານຈະຢູ່ຈັກມື້?
nín dǎ suàn zhù duō shao tiān
您 打 算 住 多 少 天 ?

ຄ່າຫ້ອງຕຽວລະ 6 ໂດລາຕໍ່ຄືນ, ບໍ່ມີອາຫານເຊົ້າ, ຮອດ 12 ໂມງມື້ທີ 2 ນັບເປັນມື້ຫນຶ່ງ.
fáng fèi měi zhāng chuáng měi tiān   měi yuán   bù bāo zǎo cān   dào dì èr tiān
房 费 每 张 床 每 天 6 美 元 , 不 包 早 餐 , 到 第 二 天
diǎn wéi yī tiān
12 点 为 一 天 。

ຄ່າອາຫານເຊົ້າຄິດໄລຕ່າງຫາກ, ຄົນລະຫນຶ່ງໂດລາ.
zǎo cān lìng suàn   měi rén yī měi yuán
早 餐 另 算 , 每 人 一 美 元 。

ນີ້ແມ່ນລູກກະແຈຫ້ອງ.
zhè shì fáng jiān yào shi
这 是 房 间 钥 匙 。

ກ່ອນອອກໄປ ກະລຸນາເອົາລູກກະແຈໄວ້ຢູ່ພະແນກບໍລິການ.

chū mén shí qǐng bǎ yào shi liú zài fú wù tái

出 门 时 请 把 钥 匙 留 在 服 务 台 。

ຕ້ອງການໃຫ້ປຸກບໍ?

nǐ yào jiào zǎo ma

你 要 叫 早 吗 ？

ຂໍໂທດ ຫ້ອງຂອງທ່ານເບີເທົ່າໃດ?

qǐng wèn nín de fáng jiān hào mǎ shì duō shao

请 问 您 的 房 间 号 码 是 多 少 ？

ຂ້ອຍຈະພາທ່ານໄປຫ້ອງ.

wǒ dài nín dào fáng jiān qù

我 带 您 到 房 间 去 。

ຫ້ອງຂອງທ່ານຢູ່ເບື້ອງຊ້າຍທາງຜ່ານ.

nín de fáng jiān zài guò dào zuǒ bian

您 的 房 间 在 过 道 左 边 。

ໄຂປ່ອງຢ້ຽມໄດ້ບໍ?

néng kāi chuāng ma

能 开 窗 吗 ？

ໃຫ້ຂ້ອຍອາງ (ປ໋ງ) ອາຫານເຊົ້າຢູ່ໃສ?

zǎo cān fàng zài nǎr

早 餐 放 在 哪 儿 ？

ຢູ່ຫ້ອງການທຸລະກິດການຄ້າຂອງໂຮງແຮມ

zài bīn guǎn shāng wù zhōng xīn

在 宾 馆 商 务 中 心

ເຈົ້າຕິພິມເອກະສານນີ້ຊ່ວຍຂ້ອຍໄດ້ບໍ?

nǐ néng bāng wǒ dǎ yìn zhè fèn wén jiàn ma

你 能 帮 我 打 印 这 份 文 件 吗 ？

ທ່ານໂກປີເອກະສານນີ້ໃຫ້ຂ້ອຍໄດ້ບໍ?
nín néng gěi wǒ fù yìn zhè xiē cái liào ma
您 能 给 我 复 印 这 些 材 料 吗？

ຍູ່ນີ້ສົ່ງແຟກໄດ້ບໍ?
nǐ men zhè lǐ néng fā chuán zhēn ma
你 们 这 里 能 发 传 真 吗？

ໂຮງແຮມນີ້ສົ່ງອີເມວ (E-mail) ໄດ້ບໍ?
zhè ge bīn guǎn kě yǐ fā diàn zǐ yóu jiàn ma
这 个 宾 馆 可 以 发 电 子 邮 件 吗？

ຍູ່ນີ້ ຫລົ້ນອິນເຕີເນັດໄດ້ບໍ?
zài nǐ men zhè lǐ kě yǐ shàng wǎng ma
在 你 们 这 里 可 以 上 网 吗？

ຄຳຕອບ

 答

ໄດ້.
xíng kě yǐ néng
行 / 可 以 / 能 。

ຂໍໂທດ, ມື້ນີ້ເຄື່ອງຈັກເພແລ້ວ.
duì bu qǐ   jīn tiān jī qì huài le
对 不 起 , 今 天 机 器 坏 了 。

ຂໍໂທດ, ມື້ນີ້ບໍ່ມີໄຟຟ້າ.
duì bu qǐ   jīn tiān tíng diàn
对 不 起 , 今 天 停 电 。

ການເຊົ່າເຮືອນ

zū fáng
租 房

ຜູ້ເຊົ່າເຮືອນ

租 客

ຂໍໂທດ, ຂ້ອຍມາເຊົ່າເຮືອນ.

duì bu qǐ　 wǒ shì lái zū fáng de
对 不 起 , 我 是 来 租 房 的 。

ມີຫ້ອງວ່າງ / ເປົ່າບໍ?

yǒu kòng fáng ma
有 空 房 吗 ?

ຂ້ອຍຢາກເຊົ່າຫ້ອງເປັນຊຸດນ້ອຍສຳລັບຜູ້ດຽວຢູ່.

wǒ xiǎng zū　 yī jiān dān rén xiǎo tào jiān
我 想 租 一 间 单 人 小 套 间 。

ຂ້ອຍຢາກເຊົ່າຫ້ອງເປັນຊຸດທີ່ມີເຄື່ອງເຮືອນ / ບໍ່ມີເຄື່ອງເຮືອນຫ້ອງ
ໜຶ່ງ.

wǒ xiǎng zū　 yī jiān dài jiā jù　 bù dài jiā jù de tào jiān
我 想 租 一 间 带 家 具 / 不 带 家 具 的 套 间 。

ມີບ່ອນອາບນ້ຳແລະບ່ອນແຕ່ງກິນບໍ?

yǒu xǐ zǎo hé zhǔ fàn de dì fang ma
有 洗 澡 和 煮 饭 的 地 方 吗 ?

ມີເຄື່ອງປັບອາກາດບໍ?

yǒu lěng qì ma
有 冷 气 吗 ?

ແຕ່ງກິນໃນຫ້ອງໄດ້ບໍ?

zài fáng jiān li kě yǐ zhǔ fàn ma
在 房 间 里 可 以 煮 饭 吗 ?

ຂ້ອຍໄປເບິ່ງກ່ອນ, ໄດ້ບໍ?
wǒ kě yǐ xiān kàn kan ma
我 可 以 先 看 看 吗？

ຄ່າເຊົ່າ / ຄ່າເຊົ່າຫ້ອງເທົ່າໃດ?
fáng zū shì duō shao
房 租 是 多 少？

ຄ່າເຊົ່າຈ່ອນຈ່າຍກ່ອນຫລືຈ່າຍຕາມຫລັງ?
fáng zū shì xiān fù hái shi hòu fù
房 租 是 先 付 还 是 后 付？

ຂ້ອຍເຊົ່າຫ້ອງນີ້ລະ.
wǒ zū zhè jiān fáng le
我 租 这 间 房 了。

ຂ້ອຍຈະເຂົ້າມາຢູ່ໄດ້ເວລາໃດ?
wǒ shén me shí hou kě yǐ bān jìn lái
我 什 么 时 候 可 以 搬 进 来？

ຂ້ອຍຈະຕໍ່ສັນຍາ / ຍົກເລີກສັນຍາ.
wǒ yào xù yuē jiě yuē
我 要 续 约 / 解 约。

ເຈົ້າເຮືອນ

ຄ່າເຊົ່າຫ້ອງເດືອນລະ ×× ໂດລາ, ລວມທັງຄ່ານ້ຳ, ຄ່າໄຟຟ້າ / ບໍ່ລວມທັງຄ່ານ້ຳແລະຄ່າໄຟຟ້າ.
fáng zū měi yuè měi yuán bāo kuò bù bāo kuò shuǐ diàn fèi
房 租 每 月 ×× 美 元 , 包 括 / 不 包 括 水 电 费。

ເດືອນລະ ×× ໂດລາ, ຄ່ານ້ຳ, ຄ່າໄຟຟ້າຄິດໄລ່ຕ່າງຫາກ.
měi yuè měi yuán shuǐ diàn fèi lìng suàn
每 月 ×× 美 元 , 水 电 费 另 算。

ຄ່າເຊົ່າຕ້ອງຈຳລະຕຸງຮ້ອຍໃນຕົ້ນເດືອນ.

fáng zū měi yuè yuè chū jiāo qīng

房 租 每 月 月 初 交 清 。

ຫ້າມແຕ່ງກິນໃນຫ້ອງເດັດຂາດ.

zài fáng jiān li yán jìn zuò fàn

在 房 间 里 严 禁 做 饭 。

ພວກເຮົຄວນເຊັນສັນຍາໃດໜຶ່ງ.

wǒ men yīng qiān gè hé yuē

我 们 应 签 个 合 约 。

ແຂກທີ່ຢູ່ໃນປະຈຸບັນຍັງບໍ່ທັນໄດ້ຍ້າຍໄປ.

xiàn zhù fáng kè hái méi yǒu bān zǒu

现 住 房 客 还 没 有 搬 走 。

ຄືນຍົກເລີກການເຊົ່າຫ້ອງຕ້ອງແຈ້ງໃຫ້ຊາບກ່ອນເວລາໜຶ່ງເດືອນ.

tuì fáng yào tí qián yī gè yuè tōng zhī

退 房 要 提 前 一 个 月 通 知 。

ເຈົ້ຄວນເສຍຄ່າເຊົ່າຕາມເວລາກຳນົດ, ຢ່າໃຫ້ຜູ້ອື່ນມາເຕືອນ.

nǐ yīng àn shí jiāo fáng zū   bù yào bié rén cuī jiāo

你 应 按 时 交 房 租 , 不 要 别 人 催 交 。

ນີ້ແມ່ນໃບໄລ່ຄ່າເຊົ່າຂອງທ່ານ.

zhè shì nín de fáng zū shōu jù

这 是 您 的 房 租 收 据 。

ທ່ານຢາກຕໍ່ສັນຍາ / ຍົກເລີກສັນຍາເຊົ່າເຮືອນບໍ?

nín xiǎng xù yuē jiě chú zū yuē ma

您 想 续 约 / 解 除 租 约 吗 ?

ການກິນຖື່ມ

yǐn shí
饮 食

ຢູ່ຮ້ານອາຫານ

zài cān guǎn
在 餐 馆

ລູກຄ້າ

 顾 客

ຂ້ອຍມັກອາຫານຈີນ / ອາຫານຝະລັ່ງ / ອາຫານໄທ.

wǒ hěn xǐ huan zhōng guó cài　fǎ guó cài　tài guó cài
我 很 喜 欢　中 国菜 / 法国菜 / 泰国菜 。

ຂ້ອຍຢາກກິນອາຫານຈີນ / ອາຫານລາວ.

wǒ xiǎng chī zhōng cān　lǎo wō cān
我 想 吃 中 餐 / 老挝餐 。

ຂ້ອຍຢາກຊິມອາຫານທີ່ມີລັກຊະນະພິເສດຂອງລາວ.

wǒ xiǎng pǐn cháng lǎo wō de tè sè cài
我 想 品 尝 老挝的特色菜 。

ພວກເຮົາກິນອາຫານຈານດ່ວນຢູ່ຮ້ານອາຫານ.

wǒ men zài cān tīng chī kuài cān
我 们 在 餐 厅吃快餐 。

ພວກເຮົາໄປກິນອາຫານສຳເລັດຮຸບຕາມການເຊື້ອເຊີນ.

wǒ men yìng yāo qù chī zì zhù cān

我 们 应 邀 去 吃 自 助 餐 。

ພວກເຮົາຍາກຈອງໂຕະໜຶ່ງສຳລັບ 10 ຄົນກິນເຂົ້າເວລາ 6 ໂມງແລງມື້
ອື.

wǒ men xiǎng dìng yī zhāng hòu tiān wǎn shang diǎn de zhuō zi rén yòng

我 们 想 订 一 张 后 天 晚 上 6 点 的 桌 子 ， 10 人 用

cān

餐 。

ໂຕະນີ້ວ່າງບໍ?

zhè zhāng zhuō zi kòng ma

这 张 桌 子 空 吗 ?

ນ້ອງ, ເຊີນເອົາລາຍການອາຫານມາເບິ່ງດຸ (ແດ່).

xiǎo jiě qǐng ná cài dān lái

小 姐 , 请 拿 菜 单 来 。

ມື້ນີ້ມີອາຫານຫຍັງ (ແດ່)？

jīn tiān yǒu shén me cài

今 天 有 什 么 菜 ?

ເຈົ້າສັ່ງອາຫານສາ.

nǐ diǎn cài ba

你 点 菜 吧 。

ກະລຸນາເອົາລາຍຊີ້ນ / ປາປີ້ງ / ຈືນໄຂ່ໄກ່ຍື້ອງໜຶ່ງ.

láo jià lái yī fèn liáng bàn ròu kǎo yú jiān jī dàn

劳 驾 , 来 一 份 凉 拌 肉 / 烤 鱼 / 煎 鸡 蛋 。

ຂ້ອຍເອົາໝາກກ້ຽງສົ້ມຍື້ອງໜຶ່ງ / ເຟີຖ້ວຍໜຶ່ງ / ເຂົ້າຫລາມຄວອແອບ
ໜຶ່ງ / ເຂົ້າຜັດຈານໜຶ່ງ.

wǒ yào yī fèn suān mù guā yī wǎn mǐ fěn yī zhú tǒng mǐ fàn yī pán chǎo

我 要 一 份 酸 木 瓜 / 一 碗 米 粉 / 一 竹 筒 米 饭 / 一 盘 炒

fàn

饭 。

ກະລຸນາເອົາແກງໜໍ່ໄມ້ຖ້ວຍໜຶ່ງມາໃຫ້ແດ່.

láo jià　lái yī wǎn zhú sǔn tāng
劳驾，来一碗竹笋汤。

ຂ້ອຍເອົາເບຍແກ້ວໜຶ່ງ.

wǒ yào yī píng pí jiǔ
我要一瓶啤酒。

ກະລຸນາເອົານ້ຳອັດລົມໜຶ່ງແກ້ວ / ນ້ຳບໍລິສຸດໜຶ່ງແກ້ວມາໃຫ້ແດ່.

láo jià　lái yī píng qì shuǐ　chún jìng shuǐ
劳驾，来一瓶汽水 / 纯净水。

ເຫລົ້າອະງຸ່ນນີ້ຈັກອົງຊາ?

zhè pú tao jiǔ duō shao dù
这葡萄酒多少度？

ຊີ້ນນີ້ບໍ່ສຸກປານໃດເອົາໄປຕົ້ມອີກ, ໄດ້ບໍ?

zhè ròu bù tài shú néng gěi wǒ zài zhǔ yī zhǔ ma
这肉不太熟，能给我再煮一煮吗？

ຂ້ອຍໄປຮ້ານອາຫານຈີນເລື້ອຍໆ, ຂ້ອຍໃຊ້ໄມ້ຖູ່ເປັນ.

wǒ cháng qù zhōng cān tīng　wǒ huì yòng kuài zi
我常去中餐厅，我会用筷子。

ຂ້ອຍໃຊ້ໄມ້ຖູ່ບໍ່ເປັນປານໃດ, ເຊີນເອົາມີດ, ສ້ອມແລະບ່ວງມາໃຫ້
ແດ່.

wǒ bù tài huì yòng kuài zi　qǐng gěi wǒ lái yī bǎ dāo　yī bǎ chā hé yī bǎ chí
我不太会用筷子，请给我来一把刀、一把叉和一把匙
zi
子。

ກະລຸນາເອົາອາຫານມາໃຫ້ໄວໆແດ່.ຂ້ອຍຈະຟ້າວອອກເດີນທາງ.

qǐng kuài diǎn gěi wǒ shàng cài　wǒ yào gǎn lù
请快点给我上菜，我要赶路。

ໝາກໄມ້ຫລັງອາຫານເອົາໝາກກ້ວຍ / ໝາກມ່ວງ.

fàn hòu shuǐ guǒ wǒ yào xiāng jiāo　máng guǒ
饭后水果我要香蕉 / 杧果。

ເອົາກະແລັມຊ໌ອກໂກແລັດລາຍກາບໜຶ່ງ / ກາເຝຈອກໜຶ່ງ.

gěi tā lái yī fèn qiǎo kè lì bīng qí lín　yī bēi kā fēi
给他来一份 巧 克力 冰 淇淋 / 一杯咖啡。

ເຊີນຊຳລະບັນຊີ.

qǐng jié zhàng
请 结 账 。

ເຈົ້າຄິດໄລ່ກາຍ 5 ໂດລາແລ້ວ.

nǐ duō suàn le　měi yuán
你 多 算 了 5美 元 。

ຈົ່ງເຫຼືອຍ່ອຍນີ້ໄວ້ເປັນຄ່ານ້ຳໃຈສາ.

liú zhe zhè xiē líng qián zuò xiǎo fèi ba
留着这些零 钱 做 小 费吧。

ນ້ອງ, ເອົາກາເຝດຳ / ກາເຝນົມຈອກໜຶ່ງ.

xiǎo jiě　lái yī bēi yuán wèi kā fēi　jiā nǎi kā fēi
小 姐，来一杯 原 味咖啡 / 加奶咖啡。

ເຊີນເອົາກາເຝຈອກໃຫຍ່ໜຶ່ງຈອກແລະເຂົ້າຈີ່ໜຶ່ງກ້ອນມາໃຫ້ແດ່.

qǐng lái yī dà bēi kā fēi　yī kuài miàn bāo
请来一大杯咖啡 、一 块 面 包。

ກະລຸນາ, ເອົາເບຍມາໃຫ້ 2 ຈອກແດ່.

láo jià　lái liǎng bēi pí jiǔ
劳 驾，来 两 杯啤酒。

ມີຈືນໄຂ່ໄກ່ບໍ?

yǒu jiān jī dàn ma
有 煎 鸡 蛋 吗 ？

ຂ້ອຍເອົາສະເຕັກງົວແລະຈືນມັນຝະລັ່ງລາຍກາບໜຶ່ງ.

wǒ yào yī fèn niú pái pèi zhá shǔ tiáo
我 要 一份 牛 排 配 炸 薯 条。

ກະລຸນາເອົາແປບຊີ / ເຫລົ້າແຊມເປນ / ວິສະກີ / ນ້ຳຊາໜຶ່ງຈອກໃຫ້ຂ້ອຍແດ່.

láo jià　　wǒ yào　yī bēi bǎi shì kě lè　　yī bēi xiāng bīn　yī bēi wēi shì jì　yī
劳 驾 , 我 要 一 杯 百 事 可 乐 / 一 杯 香 槟 / 一 杯 威 士 忌 / 一
bēi chá
杯 茶 。

ເປັນເງິນເທົ່າໃດ?

duō shao qián
多 少 钱 ?

ກະລຸນາເອົາໃບຮັບເງິນໃຫ້ຂ້ອຍແດ່.

qǐng bǎ fù kuǎn dān gěi wǒ
请 把 付 款 单 给 我 。

ຜູ້ບໍລິການ

服 务 员

ພວກເຈົ້າທັງໝົດມີຈັກຄົນ?

nǐ men yī gòng jǐ wèi
你 们 一 共 几 位 ?

ພວກເຈົ້ານັ່ງຢູ່ນີ້ / ຢູ່ພຸ້ນ, ໄດ້ບໍ?

nǐ men zuò zhèr　　nàr　　hǎo ma
你 们 坐 这 儿 / 那 儿 好 吗 ?

ໂຕະທາ່ອຍທີ່ແປະປ່ອງຢ້ຽມນັ້ນມີຄົນຈອງແລ້ວ.

kào chuāng de zhuō zi yǒu rén yù dìng le
靠 窗 的 桌 子 有 人 预 订 了 。

ພວກເຈົ້າຈະສັ່ງອາຫານຫຍັງ?

nǐ men yào diǎn shén me cài
你 们 要 点 什 么 菜 ?

ມື້ນີ້ມີຊີ້ນງົວ / ລາບປາ / ລາບໄກ່ / ຫມົກຊີ້ນຫມູ / ເຂົ້າຈ້າວແລະເຂົ້າ
ຫນຽວ.

jīn tiān yǒu niú ròu   liáng bàn yú   liáng bàn jī ròu   bā jiāo yè kǎo zhū ròu   mǐ
今 天 有 牛 肉 / 凉 拌 鱼 / 凉 拌 鸡 肉 / 芭 蕉 叶 烤 猪 肉 / 米
fàn hé nuò mǐ fàn
饭 和 糯 米 饭 。

ຂ້ອຍຫັນວ່າໄປກິນອາຫານສຳເລັດຮູບລາຄາຄົນລະ 2 ໂດລາດີກວ່າ.

wǒ rèn wéi qù chī liǎng měi yuán de zì zhù cān bǐ jiào hǎo
我 认 为 去 吃 两 美 元 的 自 助 餐 比 较 好 。

ພວກເຈົ້າສັ່ງອາຫານຄຮບຮ້ອຍແລ້ວບໍ?

nǐ men dōu diǎn hǎo cài le ma
你 们 都 点 好 菜 了 吗 ?

ເຈົ້າຫັນວ່າສະເຕັກງົວເຮັດແບວໃດຈິ່ງດີ?

nǐ xiǎng niú pái zěn me zuò
你 想 牛 排 怎 么 做 ?

ຜັກແລະເຂົ້າຈີ່ກິນຕາມໃຈ.

qīng cài hé miàn bāo suí biàn chī
青 菜 和 面 包 随 便 吃 。

ທ່ານຄົ້ມເຄື່ອງຄົ້ມຫຍັງ / ເຫລົ້າຫຍັງ?

nín hē shén me yǐn liào   shén me jiǔ
您 喝 什 么 饮 料 / 什 么 酒 ?

ເຫລົ້ານີ້ 38 ອົງສາ.

zhè jiǔ   dù
这 酒 38 度 。

ຂ້ອຍຈະຮີບເອົາອາຫານມາໃຫ້ທ່ານ.

wǒ mǎ shàng gěi nín shàng cài
我 马 上 给 您 上 菜 。

ອາຫານນີ້ຖືກປາກທ່ານບໍ?

zhè cài hé nín de kǒu wèi ma
这 菜 合 您 的 口 味 吗 ?

ລາຄາອາຫານສຳເລັດຮູບແມ່ນລາຄາຕາຍຕົວ, ແລະລາຄາເຫລົ້າ
ຄິດໄລ່ຕ່າງຫາກ.

zì zhù cān de jià gé shì gù dìng de　　jiǔ lìng wài suàn
自助餐的价格是固定的，酒另外算。

ຂອບໃຈ, ຍິນດີຕ້ອນຮັບທ່ານອີກ.

xiè xie　　huān yíng xià cì zài lái
谢谢， 欢 迎 下 次 再 来 。

ຄຳສັບເພີ່ມເຕີມ
补充词汇

ລາຍຊື່ອາຫານ 菜单	ສກີຍາກີ 火锅
ເປັດປິ້ງ 烤鸭	ຂົ້ວໜໍ່ໄມ້ 炒竹笋
ຊີ້ນຊຶ້ນໝູ 红烧肉	ປາໜຶ້ງ 清蒸鱼
ໄຂ່ຍ່ຽວມ້າ 松花蛋	ແບມ 春卷
ຂົ້ວເຕົ້າຮູ້ 炒豆腐	ໄຂ່ເຄັມ 咸蛋
ແກງຈືດ 清汤	ໄກ່ອົບ 焖鸡
ເຂົ້າຈີ່ 面包	ແກງເກົ້າເຫລົ້າ 杂烩汤
ເຂົ້າຈ້າວ 大米	ໝີ່ 面条
ເຂົ້າປຽກ 稀饭	ເຂົ້າຕົ້ມ 粽子
ຕີມຊຳ 点心	ນ້ຳນົມ 牛奶
ຂະໜົມເຄ້ກ 蛋糕	ເຫລົ້າຂາວ 白酒
ເຫລົ້າປຸກ 烈酒	ເຫລົ້າອະງຸ່ນ 葡萄酒
ເຫລົ້າບະລັນດີ 白兰地	ນ້ຳໝາກໄມ້ 果汁
ນ້ຳໝາກກ້ຽງ 橙汁	ນ້ຳໝາກນາວ 柠檬汁
ນ້ຳແຮ່ 矿泉水	

ກິນເຂົ້າຢູ່ເຮືອນ

zài jiā li chī fàn
在家里吃饭

ຂ້ອຍກິນເຂົ້າເຊົ້າແລະເຂົ້າແລງຢູ່ເຮືອນ, ແຕ່ກິນເຂົ້າສວຍຢູ່ຫ້ອງອາ
ຫານ.

wǒ zài jiā li chī zǎo cān hé wǎn cān　　zài shí táng chī wǔ cān
我 在 家 里 吃 早 餐 和 晚 餐 ，在 食 堂 吃 午 餐 。

ອາຫານເຊົ້າ ຂ້ອຍກິນກາເຟຫລືນ້ຳຊາ, ຂ້ອຍກິນເຂົ້າຈີ່ທາເນີຍອ່ອນ ແລະ
ໝາກ ໄມ້ກວນ.

zǎo cān wǒ hē kā fēi huò chá　　chī miàn bāo jiā huáng yóu hé guǒ jiàng
早 餐 我 喝 咖 啡 或 茶 ，吃 面 包 加 黄 油 和 果 酱 。

ພໍ່ຂ້ອຍແລະແມ່ຂ້ອຍຜັດປ່ຽນກັນແຕ່ງອາຫານ.

wǒ fù qīn hé mǔ qīn lún liú zuò fàn
我 父 亲 和 母 亲 轮 流 做 饭 。

ບາງເທື່ອຂ້ອຍກໍແຕ່ງກິນເອງ.

yǒu shí wǒ yě zì jǐ zuò fàn
有 时 我 也 自 己 做 饭 。

ຂ້ອຍຕັດປາເປັນຕ່ອນ（ທ່ອນ）/ປ່ຽງ.

wǒ bǎ yú qiē chéng kuài　 piàn
我 把 鱼 切 成 块 / 片 。

ລາວຟັກຊີ້ນ.

tā duò ròu
他 剁 肉 。

ລາວຂົ້ວ/ຕົ້ມຊີ້ນງົວ.

tā chǎo　 dùn niú ròu
他 炒 / 炖 牛 肉 。

ຈັດໂຕະໃຫ້ຮຽບຮ້ອຍ.

bǎi hǎo fàn zhuō

摆 好 饭 桌 。

ຈັດອາງຖ້ວຍຈານບ່ອງສ້ອມສາ. / ຍົກຖ້ວຍຈານບ່ອງສ້ອມອອກສາ.

bǎi hǎo   chè diào cān jù ba

摆 好 / 撤 掉 餐 具 吧 。

ເພີ່ມຖ້ວຍຈານບ່ອງສ້ອມໜຶ່ງຊຸດ.

jiā yī fù cān jù

加 一 副 餐 具 。

ພວກເຮົາດື່ມເຫລົ້າຈະເລີນອາຫານກ່ອນນໍ.

wǒ men xiān lái hē kāi wèi jiǔ ba

我 们 先 来 喝 开 胃 酒 吧 。

ອາຫານຮຽບຮ້ອຍແລ້ວ, ເຊີນເຂົ້າໂຕະຮັບປະທານໄດ້.

fàn yǐ zuò hǎo le   qǐng zuò xià lái chī fàn ba

饭 已 做 好 了 , 请 坐 下 来 吃 饭 吧 。

ມາກິນເຂົ້າແມ!

chī fàn le

吃 饭 了 !

ຂ້ອຍຫິວເຂົ້າແລ້ວ / ຫິວນ້ຳແລ້ວ!

wǒ è le   kě le

我 饿 了 / 渴 了 !

ລາຍເຂົ້ານີ້ແມ່ນເພື່ອຕ້ອນຮັບທ່ານ.

zhè dùn fàn shì wèi nín jiē fēng xǐ chén de

这 顿 饭 是 为 您 接 风 洗 尘 的 。

ເຊີນແຊບເນີ!

zhù nín wèi kǒu hǎo   kāi fàn shí shuō

祝 您 胃 口 好 ! （ 开 饭 时 说 ）

ທ່ານຕ້ອງການເຄື່ອງດື່ມຫຍັງ?

nín hē shén me yǐn liào

您 喝 什 么 饮 料 ?

ກິນເຫຼົ້າອະງຸ່ນແດງກັບຊີ້ນ, ກິນເຫຼົ້າອະງຸ່ນຂາວກັບປາ.
chī ròu shí hē hóng pú tao jiǔ　　chī yú shí hē bái pú tao jiǔ
吃 肉 时 喝 红 葡 萄 酒 , 吃 鱼 时 喝 白 葡 萄 酒 。

ເຊີນກິນຕາມສະບາຍ!
qǐng yòng ba
请 用 吧 !

ເຊີນຊິມອ້ໍອຊີ້ນເປັດນີ້ເບິ່ງ.
qǐng cháng chang zhè chǎo yā ròu
请 尝 尝 这 炒 鸭 肉 。

ທ່ານຕ້ອງການປາບໍ?
nín yào yú ma
您 要 鱼 吗 ?

ທ່ານຕ້ອງການຊີ້ນບໍ?
nín yào ròu ma
您 要 肉 吗 ?

ທ່ານຢາກຊິມຊີ້ນງົວນີ້ບໍ?
nín xiǎng cháng chang zhè niú ròu ma
您 想 尝 尝 这 牛 肉 吗 ?

ທ່ານຢາກໄດ້ຊີ້ນໄກ່ອີກບໍ?
nín hái yào jī ròu ma
您 还 要 鸡 肉 吗 ?

ຄຳຕອບ

ເຈົ້າ / ໂດຍ ! ຕ້ອງການອີກໜ້ອຍໜຶ່ງ.
hǎo　　zài yào yī diǎn
好 ! 再 要 一 点 。

ເຈົ້າ / ໂດຍ ! ຂ້ອຍຢາກກິນອີກໜ້ອຍໜຶ່ງ.
hǎo de　　wǒ xiǎng zài chī yī diǎn
好 的 ! 我 想 再 吃 一 点 。

137

ເຈົ້າ / ໂດຍ! ຄັນຊັ້ນກໍເອົາອີກໜ່ອຍໜຶ່ງ.

hǎo ba　　nà jiù zài lái yī diǎn ba

好 吧！ 那 就 再 来 一 点 吧 。

ຂອບໃຈ, ໄດ້ແລ້ວ.

xiè xie　　wǒ chī bǎo le

谢 谢 , 我 吃 饱 了 。

ຂອບໃຈ, ຂ້ອຍບໍ່ຢາກກິນອີກແລ້ວ.

xiè xie　　wǒ bù xiǎng chī le

谢 谢 , 我 不 想 吃 了 。

ແຊບຫລາຍ / ຫອມຫລາຍ / ປຸງແຕ່ງກໍເລີດ.

hěn hǎo chī　hěn xiāng　zuò de tài hǎo le

很 好 吃 / 很 香 / 做 得 太 好 了 。

ການຊື້ເຄື່ອງ

gòu wù
购 物

ຢູ່ຮ້ານຄ້າ

zài shāng diàn
在 商 店

ຜູ້ຂາຍເຄື່ອງ

售 货 员

ເຈົ້າຕ້ອງການຊື້ຫຍັງ?

nǐ yào mǎi shén me
你 要 买 什 么 ?

ເຈົ້ານຸ່ງເບີເທົ່າໃດ?

nǐ chuān duō dà hào mǎ
你 穿 多 大 号 码 ?

ເຈົ້າໃສ່ເກີບເບີເທົ່າໃດ?

nǐ chuān duō dà hào de xié
你 穿 多 大 号 的 鞋 ?

ເຈົ້າຕ້ອງການເກີບໃຫຍ່ສ່ຳໃດ?

nǐ yào duō cháng de xié zi
你 要 多 长 的 鞋 子 ?

ເຈົ້າມັກສີຫຍັງ?

nǐ xǐ huan shén me yán sè
你 喜 欢 什 么 颜 色？

ເຈົ້າມັກຫຍ່ຫ້າຫຍັງ?

nǐ xǐ huan shén me pái zi
你 喜 欢 什 么 牌 子？

ເຈົ້າເອົາໃຫຍ່ສ່ຳໃດ?

nǐ yào duō dà de
你 要 多 大 的？

ເຈົ້າມັກແບບໃດ?

nǐ xǐ huan shén me yàng shì de
你 喜 欢 什 么 样 式 的？

ເຈົ້າມັກຜະລິດຕະພັນຂອງປະເທດໃດ?

nǐ xǐ huan nǎ ge guó jiā de chǎn pǐn
你 喜 欢 哪 个 国 家 的 产 品？

ເຈົ້າຕ້ອງການເບີຫຍ່າໃດ?

nǐ yào shén me xíng hào de
你 要 什 么 型 号 的？

ເຈົ້າຕ້ອງການຂະຫນາດໃດ?

nǐ xū yào shén me guī gé de
你 需 要 什 么 规 格 的？

ໂຕນີ້ແມ່ນເບີໃຫຍ່.

zhè jiàn shì dà hào de
这 件 是 大 号 的。

ເກີບຄູ່ນີ້ເບີ 38.

zhè shuāng xié zi shì   mǎ de
这 双 鞋 子 是 38 码 的。

ປີນີ້ຄົນນິຍົມອັນນີ້.

jīn nián liú xíng zhè ge
今 年 流 行 这 个。

ເຈົ້າລອງນຸ່ງເສື້ອ / ໃສ່ເກີບໄດ້.

nǐ kě yǐ shì chuān yī fu　xié zi

你可以试穿衣服/鞋子。

ບ່ອນລອງເສື້ອຢູ່ພຸ້ນ.

shì yī jiān zài nàr

试衣间在那儿。

ຖ້າຊື້ສິນຄ້າຍອດແສນກີບ, ຈະຫຼຸດລາຄາໃຫ້ 5 ສ່ວນຮ້ອຍ.

fán gòu mǎn　wàn jī pǔ yǐ shàng shāng pǐn　jǐ yǔ　de yōu huì

凡购满10万基普以上商品，给予5％的优惠。

ຫຼຸດລາຄາ 10 ສ່ວນຮ້ອຍ.

jiǎn jià

减价10％。

ສິນຄ້າສົ່ງເສີມ.

cù xiāo shāng pǐn

促销商品。

ຂາຍຫຼຸດລາຄາ.

xuē jià chǔ lǐ

削价处理。

ຂຶ້ງກາລະວັດຊັບຫນຶ່ງແຖມອີກຊັບຫນຶ່ງ.

lǐng dài mǎi yī sòng yī

领带买一送一。

ຍັງຊື້ອັນອື່ນອີກບໍ?

hái mǎi bié de dōng xi ma

还买别的东西吗？

ສິນຄ້າເຫຼົ່ານີ້ຂາຍຍົກ / ຂາຍຍ່ອຍ / ຂາຍແຍກສ່ວນ.

zhè xiē shāng pǐn pī fā　líng shòu　sǎn zhuāng chū shòu

这些商品批发/零售/散装出售。

ທັງຫມົດ 2 ແສນກີບ.

yī gòng　wàn jī pǔ

一共20万基普。

ເຈົ້າມີເງິນຍ່ອຍບໍ?

nǐ yǒu méi yǒu líng qián
你 有 没 有 零 钱 ？

ທອນ 2 ພັນກີບ.

zhǎo huí nǐ   jǐ pǔ
找 回 你 2 000 基 普 。

ຂອບໃຈ, ເຊີນມາອຸດໜູນເລື້ອຍໆແດ່.

xiè xie   xī wàng jīng cháng lái huì gù
谢 谢 ， 希 望 经 常 来 惠 顾 。

ລູກຄ້າ

ນ້ອງ, ຕູ້ຂາຍເຄື່ອງກິລາຢູ່ໃສ?

xiǎo jiě   tǐ yù yòng pǐn guì tái zài nǎr
小 姐 ， 体 育 用 品 柜 台 在 哪 儿 ？

ຂໍໂທດ, ຕູ້ຂາຍຂອງກິນ / ຕູ້ຂາຍຢາ / ຕູ້ຂາຍເກີບ / ຕູ້ຂາຍເຄື່ອງຫຼິ້ນ ເດັກນ້ອຍຢູ່ໃສ?

duì bu qǐ   shí pǐn guì tái   yào pǐn guì tái   xié lèi guì tái   ér tóng wán jù guì
对 不 起 ， 食 品 柜 台 / 药 品 柜 台 / 鞋 类 柜 台 / 儿 童 玩 具 柜
tái zài nǎr
台 在 哪 儿 ？

ຢູ່ນີ້ມີເຄື່ອງໃຊ້ໃນຫ້ອງການຂາຍບໍ?

zhèr   yǒu bàn gōng yòng pǐn mài ma
这 儿 有 办 公 用 品 卖 吗 ？

ຢູ່ນີ້ມີເສື້ອສຳເລັດຮູບຂາຍບໍ?

zhèr   yǒu chéng yī mài ma
这 儿 有 成 衣 卖 吗 ？

ຢູ່ນີ້ມີສາຍຄໍຄຳ / ແຫວນຄຳຂາຍບໍ?

zhèr   yǒu jīn xiàng liàn   jīn jiè zhi mài ma
这 儿 有 金 项 链 / 金 戒 指 卖 吗 ？

ຂ້ອຍຢາກຊື້ຊຸດສາກົນໜຶ່ງຊຸດ / ເກີບໜຶ່ງຄູ່.

wǒ xiǎng mǎi yī tào xī fú　yī shuāng xié
我 想 买 一 套 西 服 / 一 双 鞋。

ຂ້ອຍໃສ່ເກີບເບີ 39.

wǒ chuān　mǎ
我 穿 39 码。

ຫລົມໂພດ / ແຄບໂພດ, ມີເບີ 38 ບໍ?

tài kuān　tài zhǎi le　yǒu　mǎ de ma
太 宽 / 太 窄 了, 有 38 码 的 吗?

ມີນ້ອຍ / ໃຫຍ່ກວ່ານີ້ໜ້ອຍໜຶ່ງບໍ?

yǒu xiǎo　dà yī diǎn de ma
有 小 / 大 一 点 的 吗?

ຍັງມີສີອື່ນບໍ?

hái yǒu bié de yán sè ma
还 有 别 的 颜 色 吗?

ຂ້ອຍເອົາສີດຳ.

wǒ yào hēi sè de
我 要 黑 色 的。

ເອົາໂມງຫນ່ວຍນັ້ນໃຫ້ຂ້ອຍເບິ່ງແດ່, ໄດ້ບໍ?

néng bǎ zhè kuài biǎo gěi wǒ kàn kan ma
能 把 这 块 表 给 我 看 看 吗?

ກາລະວັດນີ້ ຂ້ອຍມັກຫລາຍ.

zhè tiáo lǐng dài wǒ kě xǐ huan le
这 条 领 带 我 可 喜 欢 了。

ຂ້ອຍຂໍລອງເບິ່ງເສື້ອໂຕນີ້, ໄດ້ບໍ?

zhè jiàn yī fu wǒ kě yǐ shì yī shì ma
这 件 衣 服 我 可 以 试 一 试 吗?

ສິນຄ້າເຫລົ່ານີ້ຍົກເວັ້ນພາສີບໍ?

zhè xiē shāng pǐn miǎn shuì ma
这 些 商 品 免 税 吗?

ອັນນີ້ເໝາະສົມ, ຂ້ອຍຊື້.
zhè hé shì　 wǒ mǎi le
这 合 适 ， 我 买 了 。

ແມັດໜຶ່ງ / ກິໂລໜຶ່ງ / ກ້ອນໜຶ່ງ / ໂຫຼໜຶ່ງລາຄາເທົ່າໃດ?
duō shao qián　 mǐ　 qiān kè　 kuài　 dá
多 少 钱 1 米 / 1 千 克 / 1 块 / 1 打 ？

ລາຄາເທົ່າໃດ?
jià qián shì duō shao
价 钱 是 多 少 ？

ທັງໝົດເປັນເງິນເທົ່າໃດ?
yī gòng duō shao qián
一 共 多 少 钱 ？

ກິໂລໜຶ່ງ 3 ພັນກິບ / ແມັດໜຶ່ງ 5 ພັນກິບ, ບໍ່ແພງດອກ.
　　　　　jī pǔ　 qiān kè　　 jī pǔ　 mǐ　 bù guì
3 000 基 普 1 千 克 / 5 000 基 普 1 米 ， 不 贵 。

ແພງໂພດ / ຖືກຫຼາຍ.
tài guì le　 hěn pián yi
太 贵 了 / 很 便 宜 。

ຕໍ່ລາຄາໄດ້ບໍ?
kě yǐ huán jià ma
可 以 还 价 吗 ？

ຫຼຸດລາຄາໃຫ້ຈັກໜ້ອຍແດ່, ໄດ້ບໍ?
jiǎn diǎnr　 jià　 xíng ma
减 点 儿 价 ， 行 吗 ？

ຊື້ 2 ໂຕຫຼຸດລາຄາໃຫ້ບໍ?
mǎi liǎng jiàn kě yǐ jiǎn jià ma
买 两 件 可 以 减 价 吗 ？

ຂ້ອຍຈ່າຍເງິນບາດ, ໄດ້ບໍ?
wǒ fù tài zhū　 xíng ma
我 付 泰 铢 ， 行 吗 ？

ເອົາໃບຮັບເງິນໃຫ້ຂ້ອຍໄດ້ບໍ?

néng gěi wǒ kāi fā piào ma

能 给 我 开 发 票 吗？

ກະລຸນາເອົາເຄື່ອງຂອງເຫລົ່ານີ້ຫໍ່ເປັນຫໍ່ດຽວ.

láo jià　qǐng bǎ zhè xiē dōng xi bāo zài yī qǐ

劳 驾，请 把 这 些 东 西 包 在 一 起 。

ຄຳສັບເພີ່ມເຕີມ
补 充 词 汇

ເຄື່ອງໄຟຟ້າໃນເຮືອນ 家电	ໂທລະພາບສີ 彩电
ຕູ້ເຢັນ 冰箱	ເຕົາໄຟຟ້າແມ່ເຫລັກ 电磁炉
ໝໍ້ຫຸງເຂົ້າໄຟຟ້າ 电饭锅	ພັດລົມ 电风扇
ເຕົາໄຟຟ້າ 电炉	ເຕົາບ້ຽງໄຟຟ້າ 电烤箱
ເຕົາຮີດໄຟຟ້າ 电熨斗	ເຄື່ອງປັບອາກາດ 空调机
ເຄື່ອງດູດຂີ້ຝຸ່ນ 吸尘器	ສະບູ（ສະບູຫອມ）肥皂（香皂）
ສະບູ່ຝຸ່ນ 洗衣粉	ຢາຖູແຂ້ວ 牙膏
ຟອຍຖູແຂ້ວ 牙刷	ຜ້າເຊັດໜ້າ 毛巾
ມີດແຖ 剃刀	ເສື້ອຫ້ອຍ 背心
ເສື້ອເຊີດ 衬衫	ໂສ້ງຂາຍາວ 长裤
ເສື້ອ 衣服	ກະໂປງ 裙子
ຊຸດສາກົນ 西装	ສິ້ນ 筒裙
ເຄື່ອງແບບ 制服	ເກີບໜັງ 皮鞋
ເກີບຢາງ 胶鞋	ເກີບສາຍຜ່ານ 凉鞋
ເກີບແຕະ 拖鞋	ເກີບຜ້າ 布鞋
ແພ 布	ແຜ່ນໄໝ 绸

ຢູ່ຕະຫລາດສົດ

zài xiān huò shì chǎng

在 鲜 货 市 场

ລູກຄ້າ

ສະບາຍດີ ຂ້ອຍຢາກຊື້ຊີ້ນງົວ / ຊີ້ນໝູ / ປາ.

nǐ hǎo　　wǒ yào mǎi niú ròu　zhū ròu　yú

你好，我要买牛肉/猪肉/鱼。

ນີ້ແມ່ນໄກ່ລາດບໍ?

zhè shì tǔ　jī　ma

这是土鸡吗？

ມີເປັດເທດຂາຍບໍ?

yǒu　xī yáng yā ma

有西洋鸭吗？

ນົກຄຸ້ມໂຕຫນຶ່ງເທົ່າໃດ?

ān chún duō shao qián　zhī

鹌鹑多少钱1只？

ໝາກເຜັດ / ໝາກເລັ່ນ / ກະລ່ຳປີ / ມັນຝະລັ່ງ / ຫົວຜັກກາດກິໂລຫນຶ່ງ

ລາຄາເທົ່າໃດ?

là jiāo　xī hóng shì　bāo xīn cài　tǔ dòu　luó bo duō shao qián　qiān kè

辣椒/西红柿/包心菜/土豆/萝卜多少钱1千克？

ຜັກບົ່ວ / ຫົວຜັກທຽມ / ຜັກຫອມ / ຜັກຄາວທອງເຫລົ່ານີ້ຂາຍແນວໃດ?

zhè xiē cōng　suàn tóu　yán suī　yú xīng cǎo zěn me mài

这些葱/蒜头/芫荽/鱼腥草怎么卖？

ຜັກສະຫລັດ / ຜັກບົ້ງມັດຫນຶ່ງເທົ່າໃດ?

shēng cài　kōng xīn cài duō shao qián　bǎ

生菜/空心菜多少钱1把？

ເຖົ້າແກ່

老 板

ເປັດນ້ຳ ໂຕຫນຶ່ງ 30 ພັນກີບ.

yě yā yì zhī　　　　jī pǔ

野 鸭 一 只 30 000 基 普 。

ອ່ຽນກິໂລລະ 20 ພັນກີບ.

huáng shàn　qiān kè　　　jī pǔ

黄　鳝 1 千 克 20 000 基 普 。

ຫົວສີໃຄມັດຫນຶ່ງ 2 ພັນກີບ.

xiāng máo cǎo　bǎ　　　jī pǔ

香　茅 草 1 把 2 000 基 普 。

ຫມາກພ້າວຫນ່ວຍລະ 3 ພັນກີບ.

yē zi měi gè　　　jī pǔ

椰 子 每 个 3 000 基 普 。

ຫມາກຖົ່ວລຽນກິໂລລະ 10 ພັນກີບ.

liú lián měi qiān kè　　　jī pǔ

榴 莲 每 千 克 10 000 基 普 。

ຜັກກາດ / ຖົ່ວງອກກິໂລລະ 4 ພັນກີບ.

xiǎo bái cài　dòu yá　qiān kè　　　jī pǔ

小 白 菜 / 豆 芽 1 千 克 4 000 基 普 。

ຫມາກນາວຫນ່ວຍລະພັນກີບ.

níng méng měi gè　　　jī pǔ

柠　檬　每 个 1 000 基 普 。

ຊື້ແຕ່ເທົ່ານີ້ບໍ?

jiù mǎi zhè xiē ma

就 买 这 些 吗 ？

ທັງຫມົດ 70 ພັນກີບ.

zǒng gòng　　　jī pǔ

总　共　70 000 基 普 。

ຄຳສັບເພີ່ມເຕີມ
补充词汇

ຊີ້ນແບ້ 山羊肉	ຊີ້ນແກະ 绵羊肉
ຊີ້ນໄກ່ງວງ 火鸡肉	ປາກິນຫຍ້າ 草鱼
ປາຫົວໃຫຍ່ 大头鱼	ປານິນ 罗非鱼
ປາຝາ 鳖	ປາດຸກ 鲇鱼
ປາໄນ 鲤鱼	ຜັກກາດຂາວ 大白菜
ໝາກມ່ວງ 杧果	ຜັກກາດຫົວແດງ 胡萝卜
ໝາກເງາະ 红毛丹	ໝາກມັງຄຸດ 山竹
ໝາກມັງກອນ 火龙果	ໝາກລະມຸດ 鸡心果
ໝາກມ່ວງຫິມະພານ 腰果	ໝາກໂປມ 苹果
ໝາກຈອງ 梨	ໝາກຈຽມ 柑
ໝາກພູກ 柚子	ໝາກລຳໄຍ 龙眼
ໝາກລິ້ນຈີ່ 荔枝	ໝາກໂມ 西瓜
ໝາກກ້ຽງ 橙子	

ຢູ່ຮ້ານຂາຍເຄື່ອງແຫ້ງ

zài gān huò diàn

在 干 货 店

ລູກຄ້າ

ກາເຟປາກຊ່ອງກິໂລລະເທ່ົາໃດ?

bā sāng kā fēi duō shao qián　qiān kè

巴 桑 咖啡 多 少 钱 1 千 克 ?

ເອົານ້ຳຕານໃຫ້ 2 ຖົ່ງແດ່.

gěi wǒ liǎng bāo zōng lǘ táng

给 我 两 包 棕 桐 糖 。

ຢູ່ນີ້ມີເຂົ້າຈ້າວ / ເຂົ້າໜຽວ / ແປ້ງໝີ່ / ເສັ້ນໝີ່ຂາຍບໍ?

zhè lǐ yǒu dà mǐ　nuò mǐ　miàn fěn　miàn tiáo mài ma

这 里 有 大 米 / 糯 米 / 面 粉 / 面 条 卖 吗 ?

ເອົາເກືອ / ແປ້ງນົວຖົ່ງໜຶ່ງໃຫ້ແດ່.

lái yī bāo yán　wèi jīng

来 一 包 盐 / 味 精 。

ຂ້ອຍຢາກຊື້ນ້ຳປາ / ນ້ຳສະອິວ / ນ້ຳສົ້ມ / ນ້ຳຕານຂາວ / ປາແດກ.

wǒ yào mǎi yú lù　jiàng yóu　suān cù　bái táng　yān yú jiàng

我 要 买 鱼 露 / 酱 油 / 酸 醋 / 白 糖 / 腌 鱼 酱 。

ນ້ຳມັນຖົ່ວດິນ / ນ້ຳມັນຖົ່ວເຫລືອງແກ້ວໜຶ່ງລາຄາເທ່ົາໃດ?

huā shēng yóu　dòu yóu yī píng duō shao qián

花 生 油 / 豆 油 一 瓶 多 少 钱 ?

ເຈົ້າເອົາເບຍ 4 ຖັງໄປໃຫ້ຂ້ອຍໄດ້ບໍ?

nǐ néng gěi wǒ sòng　xiāng pí jiǔ ma

你 能 给 我 送 4 箱 啤酒 吗 ?

ຜູ້ຂາຍເຄື່ອງ

ກາເຟປາກຊຸ່ອງກິໂລລະ 20 ພັນກິບ.

bā sāng kā fēi　qiān kè　　jī pǔ
巴 桑 咖 啡 1 千 克 20 000 基 普 。

ແປ້ງນົວ / ເກືອຖົ່ລະ 5 ພັນກິບ.

wèi jīng　yán měi bāo　　jī pǔ
味 精 / 盐 每 包 5 000 基 普 。

ປາແດກຂາຍໝົດແລ້ວ.

yān yú jiàng mài wán le
腌 鱼 酱 卖 完 了 。

ຄຳສັບເພີ່ມເຕີມ
补 充 词 汇

ນ້ຳມັນແກ່ນຜັກ 油菜	ແປ້ງຕະກອນ 淀粉
ນ້ຳມັນຫອຍ 蚝油	ກະປີ 虾酱
ແຈ່ວຖົ່ວ 豆酱	ໝາກໄມ້ກອນ 果酱
ກະທິໝາກພ້າວ 椰子酱	ນ້ຳມັນກຸ້ງ 虾油
ກາລີ 咖喱	ພິກໄທຟຸ່ນ 胡椒面
ເຄື່ອງທວມ 香料	ແຈ່ວໝາກເຜັດ 辣椒酱
ນ້ຳມັນໝາກງາ 香油	ແຈ່ວປາແດກ 腌鱼酱
ອະຫວ້ນອ້ມ 糖果	ໂຊໂກລາ 巧克力
ຢາສູບ 香烟	ກະປ໋ອງ 罐头

ການຊື້ຂອງອອນລາຍ

wǎng shàng gòu wù
网 上 购 物

ຄຳຖາມ

问 句

ເຈົ້າມັກຊື້ຂອງອອນລາຍບໍ?
nǐ xǐ huan zài wǎng shàng gòu wù ma
你 喜 欢 在 网 上 购 物 吗？

ການຈຳລະເງິນອອນລາຍປອດໄພບໍ?
zài xiàn zhī fù ān quán ma
在 线 支 付 安 全 吗？

ເຈົ້າຄິດວ່າຮ້ານຄ້າອອນລາຍປອດໄພທຸກຮ້ານບໍ?
nǐ rèn wéi suǒ yǒu wǎng shàng shāng diàn dōu ān quán ma
你 认 为 所 有 网 上 商 店 都 安 全 吗？

ສິນຄ້າອອນລາຍເຊື່ອຖືໄດ້ບໍ?
wǎng shàng de shāng pǐn dōu kě kào ma
网 上 的 商 品 都 可 靠 吗？

ສາມາດຄືນສິນຄ້າ ໂດຍບໍ່ມີເຫດຜົນບໍ?
kě yǐ wú lǐ yóu tuì huò ma
可 以 无 理 由 退 货 吗？

ການຊື້ຂອງອອນລາຍ ຄ່າຂົນສົ່ງຄິດໄລ່ແນວໃດ ແລະ ໃຜຈະເປັນຜູ້ຈ່າຍ?
wǎng shàng gòu wù yùn fèi rú hé jì suàn shéi fù zé
网 上 购 物 运 费 如 何 计 算 ， 谁 负 责？

ຈຳລະເງິນເວລາຮອບສິນຄ້າໄດ້ບໍ?
kě yǐ huò dào fù kuǎn ma
可 以 货 到 付 款 吗？

ສິນຄ້າທີ່ສັ່ງຊື້ອອນລາຍສາມາດຍົກເລີກໄດ້ບໍ?

wǎng shàng dìng gòu de huò wù kě yǐ qǔ xiāo ma
网 上 订 购 的 货 物 可 以 取 消 吗？

ຄຳຕອບ

回 答

ຂ້ອຍຊື້ຂອງອອນລາຍຢູ່ສະເໝີ, ສະດວກຫລາຍ, ບໍ່ຕ້ອງອອກເຮືອນກໍ
ສາມາດຊື້ຂອງທີ່ຢາກໄດ້.

wǒ jīng cháng wǎng gòu   hěn fāng biàn   zú bù chū hù jiù kě yǐ mǎi dào xiǎng
我 经 常 网 购 ， 很 方 便 ， 足 不 出 户 就 可 以 买 到 想
yào de shāng pǐn
要 的 商 品 。

ການຊື້ຂອງອອນລາຍເປັນວິທີຊື້ຂາຍສິນຄ້າຮູບແບບໜຶ່ງທີ່ດຳເນີນໄປ
ໂດຍຜ່ານອິນເຕີເນັດ.

wǎng shàng gòu wù shì yī zhǒng tōng guò yīn tè wǎng jìn xíng shāng pǐn jiāo yì
网 上 购 物 是 一 种 通 过 因 特 网 进 行 商 品 交 易
de fāng shì
的 方 式 。

ການຈຳລະເງິນອອນລາຍມີຄວາມສ່ຽງ ເພາະວ່າບັນຊີ ແລະ ລະຫັດອາດ
ຈະຖືກແຮກ (hack) ໄດ້ໂດຍງ່າຍ.

zài xiàn zhī fù yǒu fēng xiǎn   yīn wèi wǎng shàng de zhàng hào hé mì mǎ hěn
在 线 支 付 有 风 险 ， 因 为 网 上 的 账 号 和 密 码 很
róng yì bèi dào
容 易 被 盗 。

ຮ້ານຄ້າອອນລາຍບາງຮ້ານອາດຈະຂາຍຂອງປອມ, ຕ້ອງລະມັດລະ
ວັງໃນການເລືອກຮ້ານຄ້າ.

yǒu de wǎng diàn huì mài jiǎ huò   suǒ yǐ yào shèn zhòng xuǎn zé shāng jiā
有 的 网 店 会 卖 假 货 ， 所 以 要 慎 重 选 择 商 家 。

ໄດ້, ແຕ່ສິນຄ້າຕ້ອງຢູ່ໃນສະພາບພ້ອມຂາຍ ແລະ ທ່ານຕ້ອງຮັບຜິດ
ຊອບຄ່າຂົນສົ່ງເອງ.

kě yǐ de　dàn shāng pǐn bì xū wán hǎo　　bù yǐng xiǎng èr cì xiāo shòu　bìng
可 以 的 , 但 商 品 必 须 完 好 , 不 影 响 二 次 销 售 , 并
qiě nín yào chéng dān yùn fèi
且 您 要 承 担 运 费 。

ເວລາແນະນຳຕໍ່ສິນຄ້າຂອນລາຍ ຜູ້ຂາຍຈະໝາຍລາຄາໄວ້ຢ່າງ
ຊັດເຈນວ່າ ຄ່າຂົນສົ່ງເທົ່າໃດ ແລະ ໃຜຈະເປັນຜູ້ຈ່າຍ. ຖ້າຜູ້ຂາຍ
ຮັບຜິດຊອບ ຄ່າຂົນສົ່ງຈະເປັນ 0 ຢວນ, ຖ້າບໍ່ດັ່ງນັ້ນກໍຈະແມ່ນຝ່າຍຜູ້
ຊື້ເປັນຜູ້ຮັບຜິດຊອບຄ່າຂົນສົ່ງ.

mài jiā jiè shào wǎng shàng shāng pǐn shí　　huì míng què yùn fèi shì duō shǎo
卖 家 介 绍 网 上 商 品 时 , 会 明 确 运 费 是 多 少 ,
shéi fù zé　rú guǒ mài jiā bāo yóu　yùn fèi wéi　　yuán　fǒu zé shì mǎi jiā
谁 负 责 。 如 果 卖 家 包 邮 , 运 费 为 0 元 , 否 则 是 买 家
fù zé yùn fèi
负 责 运 费 。

ພວກເຈົ້າສາມາດສັ່ງຈອງສິນຄ້າທຸກຊະນິດຈາກອິນເຕີເນັດໄດ້.

nǐ men kě　yǐ zài wǎng shàng dìng gòu gè zhǒng chǎn pǐn
你 们 可 以 在 网 上 订 购 各 种 产 品 。

ເພື່ອນຂ້ອຍເປີດຮ້ານຄ້າຂອນລາຍ ຂາຍເສື້ອຜ້າທີ່ນາງອອກແບບເອງ
ໂດຍສະເພາະ.

wǒ péng you kāi le jiā wǎng diàn zhuān shòu tā zì　jǐ shè jì de fú zhuāng
我 朋 友 开 了 家 网 店 , 专 售 她 自 己 设 计 的 服 装 。

ສັ່ງຊື້ສິນຄ້າຜ່ານອິນເຕີເນັດທັງງ່າຍດາຍ ແລະ ວ່ອງໄວ.

wǎng shàng dìng gòu shāng pǐn jiǎn dān yòu kuài jié
网 上 订 购 商 品 简 单 又 快 捷 。

ຮ້ານຄ້າຂອນລາຍຂອງພວກເຮົາຂາຍເກີບຍີ່ຫໍ້ດັ່ງຈາກອິຕາລີໂດຍສະ
ເພາະ, ມີເກີບຍິງ ເກີບຂາຍ ແລະ ເກີບເດັກນ້ອຍຫລາຍແບບ.

wǒ men de wǎng shàng shāng diàn zhuān shòu yì dà　lì míng pái xié　yǒu gè
我 们 的 网 上 商 店 专 售 意 大 利 名 牌 鞋 , 有 各
zhǒng nǚ xié　nán xié hé tóng xié chū shòu
种 女 鞋 、 男 鞋 和 童 鞋 出 售 。

ຂໍໂທດເດີ! ສິນຄ້ານີ້ບໍ່ສາມາດຊຳລະເງິນເວລາມອບສິນຄ້າ.
duì bu qǐ běn shāng pǐn bù zhī chí huò dào fù kuǎn
对不起，本商品不支持货到付款。

ການຊື້ຂອງອອນລາຍສາມາດຊຳລະເງິນໂດຍຜ່ານອາລິເພ ຫລື ຈີ້ຟູ່ເປົາໄດ້.
wǎng shàng gòu wù kě yǐ tōng guò zhī fù bǎo fù kuǎn
网上购物可以通过支付宝付款。

ຝ່າຍຮ້ານຄ້າຈະສົ່ງສິນຄ້າທີ່ສັ່ງຊື້ອອນລາຍໃຫ້ລູກຄ້າໂດຍຜ່ານບໍລິສັດ ຂົນສົ່ງພັດສະດຸດ່ວນ ແລະ ຄິດໄລ່ຄ່າຂົນສົ່ງຕາມນ້ຳຫນັກຂອງພັດສະດຸ.
shāng diàn jiāng gù kè zài wǎng shàng gòu mǎi de shāng pǐn tōng guò kuài dì gōng
商店将顾客在网上购买的商品通过快递公
sī jì fā fèi yòng gēn jù huò wù de zhòng liàng jì suàn
司寄发，费用根据货物的重量计算。

ຖ້າສິນຄ້າທີ່ສັ່ງຊື້ຍັງບໍ່ທັນໄດ້ຈັດສົ່ງ ພວກເຮົາຈະຍົກເລີກໃບສັ່ງຊື້ ແລະ ຂໍຄືນເງິນໄດ້.
rú guǒ suǒ dìng gòu de shāng pǐn hái méi yǒu fā huò wǒ men kě yǐ qǔ xiāo
如果所订购的商品还没有发货，我们可以取消
dìng dān bìng shēn qǐng tuì kuǎn
订单并申请退款。

ຄຳສັບເພີ່ມເຕີມ
补充词汇

ບັດເຊຄິດ 信用卡　　　　ລູດບັດ 刷卡
ໂປໂມຊັນ 促销　　　　ອີຄອມເມິດ 电子商务
ເງິນຕາອິເລັກໂທນິກ 电子货币
ຖາວເປົ້າ（ເປັນເວທີອີຄອມເມິດອັນຕົ້ນໆເດຂອງຈີນເວທີໜຶ່ງ）淘宝
（中国的电子商务平台之一）

ວີແຊດເພ 微信支付　　　　ຈ່າຍເງິນດ້ວຍວີແຊດ 以微信支付

ການເຄື່ອນໄຫວສເດຖະກິດການຄ້າ

jīng mào huó dòng
经 贸 活 动

ງານມະຫະກຳວາງສະແດງ

bó lǎn huì
博 览 会

ຜູ່ຄ້າທີ່ເຂົ້າຮ່ວມງານວາງສະແດງ

参 展 商

ພວກຂ້າພະເຈົ້າຈະເຂົ້າຮ່ວມງານມະຫະກຳວາງສະແດງສາກົນ ××.

wǒ men yào cān jiā　　guó jì bó lǎn huì
我 们 要 参 加 ×× 国 际 博 览 会。

ຂ້າພະເຈົ້າມາຫນານໜິງເພື່ອເຂົ້າຮ່ວມງານມະຫະກຳວາງສະແດງ
ຈິນ—ອາຊຽນ（CAEXPO）.

wǒ lái nán níng cān jiā zhōng guó　　dōng méng bó lǎn huì
我 来 南 宁 参 加 中 国 — 东 盟 博 览 会（CAEXPO）。

ງານມະຫະກຳວາງສະແດງ ຈິນ—ອາຊຽນ ຈະຈັດຂຶ້ນຢູ່ໃສ ແລະ ເວ
ລາໃດ?

zhōng guó　　dōng méng bó lǎn huì hé shí zài hé dì jǔ xíng
中 国 — 东 盟 博 览 会 何 时 在 何 地 举 行？

ຂໍຖາມແດ່, ງານມະຫະກຳອາງສະແດງຈີນ—ອາຊຽນເປັນງານມະ
ຫະກຳທີ່ມີລັກສະນະແບບອໃດ?

qǐng wèn zhōng guó　　dōng méng bó lǎn huì shì shén me xìng zhì de bó lǎn huì

请 问 中 国 — 东 盟 博 览 会 是 什 么 性 质 的 博 览 会？

ໄລຍະເວລາຂອງງານມະຫະກຳມີຈັກມື້?

bó lǎn huì huì qī duō cháng

博 览 会 会 期 多 长？

ມີປະເທດໃດແດ່ເຂົ້າຮ່ວມງານມະຫະກຳຄັ້ງນີ້?

cān jiā běn jiè bó lǎn huì de yǒu nǎ xiē guó jiā

参 加 本 届 博 览 会 的 有 哪 些 国 家？

ບໍລິສັດຜອກຂ້າພະເຈົ້າຢາກຈອງຮ້ານອາງສະແດງຮ້ານຫນຶ່ງຄ່າ
ເຊົ່າເທົ່າໃດ?

wǒ gōng sī xiǎng dìng yī gè zhǎn tái　　zū jīn shì duō shao

我 公 司 想 订 一 个 展 台，租 金 是 多 少？

ຂໍໂທດ, ເຂດອາງສະແດງສິນຄ້າຂອງລາວຢູ່ໃສ?

qǐng wèn lǎo wō zhǎn qū zài nǎ　 lǐ

请 问 老 挝 展 区 在 哪 里？

ຜອກຂ້າພະເຈົ້າຢາກໄດ້ຜູ້ແປພາສາລາວຜູ້ນຶ່ງ.

wǒ men xiǎng qǐng yī míng lǎo wō yǔ fān yì

我 们 想 请 一 名 老 挝 语 翻 译。

ຂໍໂທດ, ເຂດອາງສະແດງຂອງລາວມີສິນຄ້າຫຍັງແດ່?

qǐng wèn lǎo wō zhǎn qū yǒu nǎ xiē zhǎn pǐn

请 问 老 挝 展 区 有 哪 些 展 品？

ນີ້ແມ່ນລາຍການຜະລິດຕະພັນແລະຄຳແນະນຳຂອງຜອກຂ້າພະເຈົ້າ.

zhè shì wǒ men de chǎn pǐn mù lù hé jiè shào

这 是 我 们 的 产 品 目 录 和 介 绍。

ກະລຸນາແນະນຳສະມັດຖະພາບແລະວິທີໃຊ້ຂອງຜະລິດຕະພັນເຫລົ່ານີ້ແດ່.

qǐng nín jiè shào yī xià zhè xiē chǎn pǐn de xìng néng hé shǐ yòng fāng fǎ
请 您 介 绍 一 下 这 些 产 品 的 性 能 和 使 用 方 法 。

ຂ້າພະເຈົ້າຢາກສັ່ງຊື້ເຄື່ອງສິລະປະຫັດຖະກຳໆ / ເຄື່ອງດິນເຜົາ / ຜະລິດ
ຕະພັນກົນຈັກແລະເຄື່ອງກຳເນີດໄຟຟ້າຈວດໜຶ່ງ.

wǒ xiǎng dìng gòu yī pī gōng yì měi shù pǐn táo cí jī diàn chǎn pǐn
我 想 订 购 一 批 工 艺 美 术 品 / 陶 瓷 / 机 电 产 品 。

ເຊີນເບິ່ງຕົວຢ່າງຂອງສິນຄ້າ, ລ້ວນແຕ່ແມ່ນຜະລິດຈາກ ××.

qǐng kàn yàng pǐn dōu shì shēng chǎn de
请 看 样 品 , 都 是 × × 生 产 的 。

ຂ້າພະເຈົ້າຢາກສັ່ງຊື້ 50 ພັນເຄື່ອງ ເວລາໃດຈຶ່ງຈະມອບສົ່ງສິນຄ້າ
ໄດ້?

wǒ xiǎng dìng wàn jiàn shén me shí hou néng jiāo huò
我 想 订 5 万 件 , 什 么 时 候 能 交 货 ?

ພວກຂ້າພະເຈົ້າຫວັງວ່າຝ່າຍຂອງທ່ານຈະໂຄສະນາ / ຕັ້ງປ້າຍໂຄສະ
ນາຢູ່ກາງ ແຈ້ງໃຫ້ສິນຄ້າຂອງຝ່າຍພວກຂ້າພະເຈົ້າ.

wǒ men xī wàng guì fāng wèi wǒ fāng shāng pǐn zuò guǎng gào shù lì hù wài
我 们 希 望 贵 方 为 我 方 商 品 做 广 告 / 竖 立 户 外
guǎng gào pái
广 告 牌 。

ຝ່າຍເຈົ້າພາບ

主 办 方

ຍິນດີຕ້ອນຮັບທ່ານເຂົ້າຮ່ວມງານມະຫະກຳາງສະແດງຄັ້ງນີ້.

huān yíng nín cān jiā běn jiè bó lǎn huì
欢 迎 您 参 加 本 届 博 览 会 。

ງານມະຫະກຳອາງສະແດງຈີນ—ອາຊຽນທີ່ຈັດຂຶ້ນຢູ່ນະຄອນໜານໜິງນັ້ນຊື່ຫຍໍ່ໆ: CAEXPO.

zhōng guó　　dōng méng bó lǎn huì jiǎn chēng
中 国 — 东 盟 博 览 会 简 称 "CAEXPO"。

ໃນເດືອນກັນຍາປີນີ້ ງານມະຫະກຳອາງສະແດງຈີນ—ອາຊຽນຈະຈັດຂຶ້ນຢູ່ທີ່ສູນອາງສະແດງສາກົນນະຄອນໜານໜິງ.

zhōng guó　　dōng méng bó lǎn huì jīn nián　yuè zài nán níng guó jì huì zhǎn
中 国 — 东 盟 博 览 会 今 年 9 月 在 南 宁 国 际 会 展
zhōng xīn jǔ xíng
中 心 举 行。

ໄລຍະງານມະຫະກຳມີ 4 ມື້.

huì qī wéi tiān
会 期 为 4 天。

ງານມະຫະກຳອາງສະແດງຈີນ—ອາຊຽນແມ່ນງານມະຫະກຳທີ່ມີລັກສະນະສັງລວມ ແລະ ສາກົນ.

zhōng guó　　dōng méng bó lǎn huì shì yī gè zōng hé xìng　guó jì xìng de bó
中 国 — 东 盟 博 览 会 是 一 个 综 合 性 、国 际 性 的 博
lǎn huì
览 会。

ງານມະຫະກຳອາງສະແດງຈີນ—ອາຊຽນແມ່ນງານມະຫະກຳໃສາກົນທີ່ມີລັກສະນະສັງລວມ, ເຊິ່ງມີຄ້າຂາຍສິນຄ້າ, ການຮ່ວມມືທາງດ້ານການລົງທຶນ, ຊື້ຂາຍບໍລິການ, ມີເວທີປາໄສລະດັບສູງແລະແລກປ່ຽນວັດທະນາທຳ.

zhōng guó　　dōng méng bó lǎn huì shì yī gè kāi zhǎn huò wù mào yì　tóu zī
中 国 — 东 盟 博 览 会 是 一 个 开 展 货 物 贸 易 、投 资
hé zuò　fú wù mào yì　gāo céng lùn tán hé wén huà jiāo liú de zōng hé xìng
合 作 、服 务 贸 易 、高 层 论 坛 和 文 化 交 流 的 综 合 性
guó jì bó lǎn huì
国 际 博 览 会。

ມີຫລາຍປະເທດເຂົ້າຮ່ວມງານມະຫະກຳວາງສະແດງຄັ້ງນີ້, ສິນຄ້າທີ່
ນຳມາວາງສະແດງກໍຫລາຍຢ່າງຫລາຍແບບແລະອຸດົມສົມບູນ.

zhè jiè bó lǎn huì de cān zhǎn guó hěn duō zhǎn pǐn yě shí fēn fēng fù
这届博览会的参展国很多，展品也十分丰富。

ປະເທດທີ່ເຂົ້າຮ່ວມງານມະຫະກຳວາງສະແດງຄັ້ງນີ້ ນອກຈາກປະ
ເທດຈີນແລ້ວ, ຍັງມີ 10 ປະເທດອາຊຽນຄື: ຫວຽດນາມ, ໄທ,
ລາວ, ກຳປູເຈຍ, ສິງກະໂປ, ມາເລເຊຍ, ອິນໂດເນເຊຍ, ຟິລິປິນ,
ບຣູໄນ ແລະ ມຽນມ້າ, ພ້ອມດ້ວຍບາງປະເທດເອີຣົບ ແລະ ອາເມລິ
ກາ, ຍີ່ປຸ່ນ ແລະ ສາທາລະນະລັດກໍ່າຫລີເປັນຕົ້ນ.

cān jiā běn jiè bó lǎn huì de chú zhōng guó wài   hái yǒu dōng méng shí guó
参加本届博览会的除中国外，还有东盟十国，
jí yuè nán   tài guó   lǎo wō   jiǎn pǔ zhài   xīn jiā pō   mǎ lái xī yà   yìn
即越南、泰国、老挝、柬埔寨、新加坡、马来西亚、印
dù ní xī yà   fēi lǜ bīn   wén lái   miǎn diàn   yǐ jí yī xiē ōu měi guó jiā hé
度尼西亚、菲律宾、文莱、缅甸，以及一些欧美国家和
rì běn   hán guó děng
日本、韩国等。

ຢ່າງໄປເລີຍຣອດສິ້ນສຸດແລ້ວລ້ຽວຂ້າຍ / ຂວາ, ເຂດວາງສະແດງ
ສິນຄ້າທີ 3 ແມ່ນເຂດຂອງລາວ.

zhí zǒu dào jìn tóu zuǒ guǎi yòu guǎi   dì sān gè zhǎn qū jiù shì lǎo wō zhǎn qū
直走到尽头左拐 / 右拐，第三个展区就是老挝展区。

ຄ່າເຊົ່າຮ້ານວາງສະແດງສິນຄ້າແມ່ນວັນລະ × × ໂດລາ / ຕາແມັດ.

zhǎn tái zū jīn shì měi tiān měi píng fāng mǐ   měi yuán
展台租金是每天每平方米××美元。

ງານມະຫະກຳຈະອຳນວຍການບໍລິການແປພາສາແກ່ທຸກຄະນະທີ່ເຂົ້າ
ຮ່ວມງານວາງສະແດງສິນຄ້າ.

dà huì xiàng gè cān zhǎn guó tí gōng fān yì fú wù
大会向各参展国提供翻译服务。

ທ່ານຢາກໄດ້ຜູ້ແປພາສາຫຍັງ?

nín xiǎng qǐng shén me yǔ zhǒng de fān yì
您 想 请 什 么 语 种 的 翻译 ？

ງານມະຫາກຳໄດ້ກຳນົດວ່າ ຄັນຝ່າຍຊື້ຖືກໃຈນຳຕົວຢ່າງສິນຄ້າ ຈະ

ສັ່ງຊື້ ຫລື ຊື້ ຕົວຢ່າງສິນຄ້າກັບບ່ອນນຳຝ່າຍຂາຍກໍໄດ້.

bó lǎn huì guī dìng   mǎi fāng kàn hǎo yàng pǐn jiù kě yǐ xiàng mài fāng dìng gòu
博 览 会 规 定 ， 买 方 看 好 样 品 就 可 以 向 卖 方 订 购 ，

yě kě yǐ dāng chǎng gòu mǎi yàng pǐn
也 可 以 当 场 购 买 样 品 。

ໂດຍຜ່ານການ ໂຄສະນາ ເພື່ອສົ່ງເສີມຊື່ສຽງວິສາຫະກິດ ແລະ ເປີດຕະ

ຫລາດສິນ ຄ້າ.

tōng guò guǎng gào xuān chuán   tí gāo qǐ yè zhī míng dù   dǎ kāi chǎn pǐn
通 过 广 告 宣 传 ， 提 高 企 业 知 名 度 ， 打 开 产 品

xiāo lù
销 路 。

ຄຳສັບເພີ່ມເຕີມ
补 充 词 汇

ຊຸ້ນວາງສະແດງ 陈列架	ຮ້ານວາງສະແດງ 展位
ສິນຄ້າທີ່ວາງສະແດງ 展品	ຮູບແບບ 模型
ອຸປະກອນຕິດຕັ້ງ 设备安装	ຜູ້ອະທິບາຍ 讲解员
ຂໍຄຳແນະນຳ (ຂໍຄຳປືກສາ) 咨询	ເຄື່ອງປ່າຂອງດົງ 土特产
ຕົກລົງຊື້ຂາຍກັນ 成交	ເຄື່ອງເຄືອບດິນເຜົາ 陶瓷

ການສຳຫລວດເສດຖະກິດການຄ້າ

jīng mào kǎo chá
经 贸 考 察

ແຂວງ / ເຂດປົກຄອງຕົນເອງຂອງພວກຂ້າພະເຈົ້າຕົກລົງຈະແຕ່ງ
ຄະນະໄປຫວຽດນາມ / ລາວ / ໄທ ເພື່ອດຳເນີນການສຳຫລວດເສດຖະ
ກິດການຄ້າ.

wǒ men shěng　zì zhì qū jué dìng zǔ tuán qián wǎng yuè nán　lǎo wō　tài guó
我 们 省 / 自治区决定组团 前 往 越南 / 老挝 / 泰国
jìn xíng jīng mào kǎo chá
进 行 经 贸 考 察 。

ຄະນະຜູ້ແທນປະກອບດ້ວຍຜູ້ຮັບຜິດຊອບບັນດາວິສາຫະກິດແລະບໍລິສັດ.

dài biǎo tuán yóu gè qǐ yè　gōng sī de fù zé rén zǔ chéng
代 表 团 由 各企 业 、 公司的 负 责 人组 成 。

ຫນ້າທີ່ຂອງພວກຂ້າພະເຈົ້າ ແມ່ນສຳຫລວດສະພາບການພັດທະນາ, ການ
ເຫລາຄຸດສາຫະກຳແລະກະສິກຳຂອງແຂວງ × × ປະເທດ × ×.

wǒ men de rèn wu shì kǎo chá　guó　shěng gōng yè　nóng yè de fā
我 们 的任务是 考 察 × × 国 × × 省 工 业 、农 业 的发
zhǎn qíng kuàng hé shì chǎng qíng kuàng
展 情 况 和市 场 情 况 。

ປະເທດລາວຕ້ອງການລົດຈັກຫລາຍ.

lǎo wō duì mó tuō chē de xū qiú liàng hěn dà
老 挝 对 摩 托 车 的需求 量 很 大 。

ພວກຂ້າພະເຈົ້າກຽມຈະທຳການສຳຫລວດກ່ຽວກັບຄວາມເປັນໄປໄດ້
ໃນການລົງທຶນຕັ້ງ ໂຮງງານຜະລິດລົດຈັກ.

wǒ men nǐ jiù tóu zī shè chǎng shēng chǎn mó tuō chē de kě xíng xìng jìn xíng
我 们 拟就投资设 厂 生 产 摩 托 车 的可行 性 进 行
kǎo chá
考 察 。

ອຳນາດການປົກຄອງແລະປະຊາຊົນທ້ອງຖິ່ນສະແດງຄວາມຍິນເຊີຍຕໍ່
ແຜນການນີ້ຫລາຍ.

dāng dì zhèng fǔ hé qún zhòng duì zhè yī jì huà hěn huān yíng
当 地 政 府 和 群 众 对 这 一 计 划 很 欢 迎 。

ຕັ້ງທີ່ນຕັ້ງ ໂຮງງານຜະລິດລົດຈັກຢູ່ທ້ອງຖິ່ນຕ່ຳ, ແຕ່ເນີນກຳໄລສູງ.

zài dāng dì shè chǎng shēng chǎn mó tuō chē chéng běn dī yíng lì kōng jiān dà
在 当 地 设 厂 生 产 摩 托 车 成 本 低、盈 利 空 间 大。

ຄ່າແຮງງານໃນທ້ອງຖິ່ນນັ້ນຖືກຫລາຍ, ການສະຫນອງນ້ຳແລະໄຟ
ຟ້າພຽງພໍ, ຄົມມະນາຄົມກໍສະດວກ.

dāng dì de láo dòng lì hěn lián jià shuǐ diàn gōng yìng chōng zú jiāo tōng fāng
当 地 的 劳 动 力 很 廉 价, 水 电 供 应 充 足, 交 通 方
biàn
便 。

ສຳລັບທີ່ດິນສ້າງ ໂຮງງານບໍ່ມີບັນຫາຫຍັງ, ຈະດັດສ້າງ ໂຮງງານກໍ່ນ
ຈັກກໍ່ກຳໄດ້ຫລືຈະສ້າງເຮືອນຈັກໃໝ່ກໍ່ໄດ້.

gōng chǎng de yòng dì bù chéng wèn tí kě yǐ gǎi jiàn yuán yǒu de jī xiè
工 厂 的 用 地 不 成 问 题, 可 以 改 建 原 有 的 机 械
chǎng yě kě yǐ jiàn shè xīn chǎng fáng
厂 , 也 可 以 建 设 新 厂 房 。

ເຄື່ອງໃຊ້ຊີວິດປະຈຳວັນແລະເຄື່ອງໄຟຟ້າຄອບຄົວທີ່ຜະລິດຈາກປະ
ເທດຈີນໄດ້ຮັບຄວາມນິຍົມຍິ່ງຂອງຫລາຍ, ມີຕະຫລາດອັນໃຫຍ່.

zhōng guó shēng chǎn de shēng huó rì yòng pǐn jiā diàn chǎn pǐn hěn shòu huān
中 国 生 产 的 生 活 日 用 品、家 电 产 品 很 受 欢
yíng shì chǎng hěn dà
迎, 市 场 很 大 。

ພວກຂ້າພະເຈົ້າສາມາດຮ່ວມມືກັບບໍລິສັດທ້ອງຖິ່ນນັ້ນ, ສ້າງລະບົບ
ຈຳໜ່າຍ, ເພື່ອຂາຍສິນຄ້າໄປຕ່າງປະເທດ.

wǒ men kě yǐ hé dāng dì de gōng sī hé zuò jiàn lì xiāo shòu wǎng luò bǎ
我 们 可 以 和 当 地 的 公 司 合 作, 建 立 销 售 网 络 把
chǎn pǐn dǎ dào guó wài shì chǎng qù
产 品 打 到 国 外 市 场 去 。

ຜອກຂ້າພະເຈົ້າແລະຜູ້ຮັບຜິດຂອບອົງການກ່ຽວຂ້ອງປະເທດລາວໄດ້
ດຳເນີນການເຈລະຈາກ່ຽວກັບອະນາຄົດແຫ່ງການຮ່ວມມືດ້ານເສດ
ຖະກິດລະຫວ່າງສອງຝ່າຍ.

wǒ men yǔ lǎo wō yǒu guān bù mén fù zé rén jiù shuāng fāng kāi zhǎn jīng mào

我 们 与 老 挝 有 关 部 门 负 责 人 就 双 方 开 展 经 贸

hé zuò de qián jǐng jìn xíng le tán pàn

合 作 的 前 景 进 行 了 谈 判 。

ການເຈລະຈາໄດ້ຮັບໝາກຜົນອັນດີງາມ (ໝ້າເຫຍື່ງພໍໃຈ).

tán pàn qǔ dé le jī jí de chéng guǒ

谈 判 取 得 了 积 极 的 成 果 。

ທັງສອງຝ່າຍໄດ້ເຫັນດີເຫັນພ້ອມດຳເນີນການຮ່ວມມືດ້ານເສດຖະກິດ
ແລະການຄ້າຍົ່ນພື້ນຖານໃຫ້ປະໂຫຍດເຊິ່ງກັນແລະກັນ ແລະອຳນວຍ
ຜົນປະໂຫຍດແກ່ກັນ ແລະ ກັນ.

shuāng fāng tóng yì zài hù huì hù lì de jī chǔ shang kāi zhǎn jīng mào hé zuò

双 方 同 意 在 互 惠 互 利 的 基 础 上 开 展 经 贸 合 作 。

ການຄ້າ

mào yì

贸 易

ຝ່າຍຂາຍ

卖 方

ຂ້າພະເຈົ້າຂໍສະເໜີທັງສອງຝ່າຍຜອກເຮົ້າມາເຈລະຈາກັບກ່ຽວກັບ
ຄຸນນະພາບ ແລະ ລາຄາຂອງສິນຄ້າ.

wǒ jiàn yì shuāng fāng jiù chǎn pǐn de zhì liàng hé jià gé jìn xíng tán pàn

我 建 议 双 方 就 产 品 的 质 量 和 价 格 进 行 谈 判 。

ພວກຂ້າພະເຈົ້າຈະແນະນຳຜະລິດຕະພັນຂອງຕົນໃຫ້ທ່ານຊາບໂດຍ
ຫຍໍ້.

wǒ men xiàng nín jiǎn dān jiè shào yī xià wǒ men de chǎn pǐn
我 们 向 您 简 单 介 绍 一 下 我 们 的 产 品 。

ຜະລິດຕະພັນຂອງພວກຂ້າພະເຈົ້າສ່ວນຫຼາຍແມ່ນສົ່ງອອກ.

wǒ men de chǎn pǐn dà bù fen chū kǒu
我 们 的 产 品 大 部 分 出 口 。

ຄຸນນະພາບຂອງຜະລິດຕະພັນຂອງພວກຂ້າພະເຈົ້າຖົ່ວ່າດີ.

wǒ men de chǎn pǐn zhì liàng hǎo
我 们 的 产 品 质 量 好 。

ຜະລິດຕະພັນຂອງພວກຂ້າພະເຈົ້າເໝາະກັບຄວາມຕ້ອງການຂອງຕະ
ຫຼາດ.

wǒ men de chǎn pǐn zài shì chǎng shang shì xiāo duì lù
我 们 的 产 品 在 市 场 上 适 销 对 路 。

ນີ້ແມ່ນຕົວຢ່າງຜະລິດຕະພັນຂອງພວກຂ້າພະເຈົ້າ.

zhè shì wǒ men de yàng pǐn
这 是 我 们 的 样 品 。

ລາຄາ F.O.B ເຂົ້າສານ / ແຜ່ນຢາງດິບຂອງພວກຂ້າພະເຈົ້າໂຕນລະ
× × ໂດລາ.

wǒ men de dà mǐ   shēng jiāo piàn lí àn jià wéi měi dūn   měi yuán
我 们 的 大 米 / 生 胶 片 离 岸 价 为 每 吨 × × 美 元 。

ລາຄາສະເໜີຂອງພວກຂ້າພະເຈົ້າຖືກກວ່າລາຄາສະເໜີຂອງບໍລິສັດ
ອື່ນໆ.

wǒ men bào jià bǐ bié de gōng sī dī
我 们 报 价 比 别 的 公 司 低 。

ພວກຂ້າພະເຈົ້າກຽມຈະຫຼຸດລາຄາລົງ 5%.

wǒ men zhǔn bèi jiàng jià
我 们 准 备 降 价 5% 。

ກະລຸນາສົ່ງໃບຈອງສິນຄ້າມາໃຫ້ພວກຂ້າພະເຈົ້າດ່ວນດ້ອຍ.

qǐng jǐn kuài bǎ dìng dān gěi wǒ men jì lái
请 尽 快 把 订 单 给 我 们 寄 来 。

ພວກຂ້າພະເຈົ້າໄດ້ກຽມສັນຍາຮຽບຮ້ອຍແລ້ວ, ເຊີນທ່ານອ່ານເບິ່ງ /
ເຊັນຊື່.

wǒ men yǐ jīng zhǔn bèi hǎo le hé tóng qǐng nín guò mù qiān zì
我 们 已 经 准 备 好 了 合 同 , 请 您 过 目 / 签 字 。

ຜະລິດຕະພັນຂາອອກຂອງພວກຂ້າພະເຈົ້າຮ້ອງຂໍໃຫ້ຝ່າຍຊື້ເປີດ L / C.

wǒ men de chū kǒu chǎn pǐn yāo qiú mǎi fāng kāi chū xìn yòng zhèng
我 们 的 出 口 产 品 要 求 买 方 开 出 信 用 证 。

ພວກຂ້າພະເຈົ້າໃຫ້ຄຳໝັ້ນສັນຍາວ່າຈະສົ່ງສິນຄ້າອອກພາຍໃນເວລາ
8 ເດືອນ.

wǒ men chéng nuò gè yuè nèi fā huò
我 们 承 诺 8 个 月 内 发 货 。

ພວກຂ້າພະເຈົ້າຍິນດີແຈ້ງໃຫ້ທ່ານຊາບວ່າ, ສິນຄ້າໃນມາດຕາ × ×
ໃນສັນຍາໄດ້ບັນຈຸໃສ່ເຮືອແລະສົ່ງອອກແລ້ວ, ເລກທີໃບບັນຈຸໃສ່ເຮືອ
ແມ່ນ × ×.

wǒ men hěn gāo xìng tōng zhī nín hé tóng xiàng xià dì diǎn huò wù yǐ
我 们 很 高 兴 通 知 您 , 合 同 项 下 第 × × 点 货 物 已
zhuāng chuán fā yùn zhuāng chuán dān hào wéi
装 船 发 运 , 装 船 单 号 为 × × 。

ຝ່າຍຊື້

买 方

ຂໍໃຫ້ທ່ານແຈ້ງລາຄາອັນສົ່ງເຂົ້າສານ 500 ໂຕນແຕ່ວຽງຈັນເຖິງ
ໝານໝີງໃຫ້ພວກຂ້າພະເຈົ້າຊາບແດ່.

qǐng nín bào gěi wǒ men dūn dà mǐ cóng wàn xiàng yùn dào nán níng de jià
请 您 报 给 我 们 500 吨 大 米 从 万 象 运 到 南 宁 的 价
gé
格 。

ລາຄາສະເໜີຂອງພວກທ່ານແພງເກີນໄປແລ້ວ.

nǐ men de bào jià tài gāo le
你 们 的 报 价 太 高 了 。

ຂ້າພະເຈົ້າຫວັງວ່າພວກທ່ານຈະຜ່ອນສັ້ນຜ່ອນຍາວລາຄາໃຫ້ຈັກໜ່ອຍ
ແດ່.

wǒ xī wàng nǐ men zài jià gé fāng miàn zuò yī xiē ràng bù
我 希 望 你 们 在 价 格 方 面 作一些 让 步 。

ບໍ່ລືມງາດການຂ້າຫລາຍປານນີ້, ຄັນໃຫ້ເບີດ L/C, ຈະເຮັດໃຫ້ຄ່າໃຊ້
ຈ່າຍພວກຂ້າພະເຈົ້າຫລາຍຂຶ້ນ.

nà me yī gè jiāo yì é   rú guǒ kāi xìn yòng zhèng   jiù huì zēng jiā wǒ men
那 么一个 交 易 额 ，如 果 开 信 用　 证 ，就 会 增 加 我 们
de fèi yòng
的 费 用 。

ພວກຂ້າພະເຈົ້າຮຽກຮ້ອງໃຫ້ພວກທ່ານສົ່ງສິນຄ້າທັງໝົດນີ້ແບ່ງເປັນ
ສອງງວດໃຫ້ພວກຂ້າພະເຈົ້າ.

wǒ men yāo qiú nǐ men jiāng suǒ yǒu huò wù fēn liǎng pī fā wán
我 们 要 求 你 们　 将 所 有 货 物 分　 两 批 发 完 。

ເມື່ອພວກທ່ານໄດ້ຮັບໃບ L/C ຂອງພວກຂ້າພະເຈົ້າແລ້ວ, ກະລຸນາຮັບ
ຈຸໃສ່ເຮືອແລະສົ່ງໃຫ້ພວກຂ້າພະເຈົ້າດ່ວນດ້ວຍ.

qǐng shōu dào wǒ men de xìn yòng zhèng hòu jiā jǐn zhuāng chuán fā yùn
请 收 到 我 们 的 信 用　 证 后 加 紧 装　 船 发 运 。

ຄຳສັບເພີ່ມເຕີມ
补 充 词 汇

ສອບຖາມລາຄາ 询价   ໃບສອບຖາມລາຄາ 询价单

ສະເໜີລາຄາ 报价   ລາຄາຕາຍຕົວ 实盘

ລາຄາທີ່ບໍ່ຍືນຍັນອ່າມີຂອງ 虚盘   ລາຄາທີ່ສອບຖາມ 询盘

ລາຄາທີ່ສະເໜີ 报盘   ລາຄາສະເພາະວັນນັ້ນ 现货价

ລາຄາຊື້ຂາຍລ່ວງໜ້າ 期货价   ວິທີຊຳລະເງິນ 付款方式

ສິນຄ້າມີຊື່ສຽງ 名牌货   ສິນຄ້າຄຸນນະພາບສູງ 高档货

ສິນຄ້າຄຸນນະພາບຕ່ຳ 低档货   ຍີ່ຫໍ້ທີ່ມີຊື່ສຽງ 名牌

ຂາຍດີບໍ່ຂາຍດີ 畅销   ສິນຄ້າຂາຍດີບໍ່ຂາຍດີ 畅销货

ສະເໜີຂາຍ 推销

ການລົງທຶນ
tóu zī
投资

ຝ່າຍລົງທຶນ

投 资 方

ພວກຂ້າພະເຈົ້າຈະລົງທຶນຢູ່ເຂດນີ້ ເພື່ອຕັ້ງ ໂຮງງານປຸງແຕ່ງຜະລິດ
ຕະພັນກະສິກຳແລະຜະລິດຕະພັນສຳຮອງ.

wǒ men yào zài guì dì tóu zī   jiàn lì nóng fù chǎn pǐn jiā gōng chǎng
我 们 要 在 贵 地 投 资 ， 建 立 农 副 产 品 加 工 厂 。

ຊາດວ່າຈະປຸງແຕ່ງຜະລິດຕະພັນກະສິກຳແລະສຳຮອງໄດ້ × × ໂຕນຕໍ່
ປີ. ຜະລິດຕະພັນດັ່ງກ່າວຈະສາມາດຂາຍຢູ່ພາຍໃນ ແລະ ສົ່ງອອກໄດ້.

yù jì nián jiā gōng nóng fù chǎn pǐn　　　dūn chǎn pǐn kě gōng nèi xiāo hé chū
预 计 年 加 工 农 副 产 品 × × 吨 , 产 品 可 供 内 销 和 出
kǒu
口 。

ຍອດຈຳນວນລົງທຶນຂອງໂຮງງານດັ່ງກ່າວແມ່ນ 1, 2 ລ້ານໂດລາ,
ໃນນັ້ນ, ທຶນຂອງບໍລິສັດຂ້າພະເຈົ້າກວມເອົາ 49%, ສ່ວນທຶນຂອງ
ຝ່າຍພວກທ່ານກວມ ເອົາ 51%.

gāi chǎng de tóu zī zǒng é wéi　　　wàn měi yuán　wǒ gōng sī zhàn yǒu gǔ
该 厂 的 投 资 总 额 为 120 万 美 元 , 我 公 司 占 有 股
fèn　　　　　guì fāng zhàn
份 49% , 贵 方 占 51% 。

ຮູບການລົງທຶນຂອງພວກຂ້າພະເຈົ້າແມ່ນສະໜອງທຶນຮອບ 70%,
ນອກນັ້ນ ຍັງມີເຕັກໂນໂລຊີ ແລະ ອຸປະກອນຕິດຕັ້ງທີ່ສຳຄັນອີກ.

wǒ men de tóu zī fāng shì shì tí gōng　　　zī jīn　hái yǒu jì shù hé zhǔ yào
我 们 的 投 资 方 式 是 提 供 70% 资 金 , 还 有 技 术 和 主 要
shè bèi
设 备 。

ບົດວິໄຈກ່ຽວກັບຄວາມອາດສາມາດເປັນໄປໄດ້ຂອງພວກຂ້າພະເຈົ້າ
ໄດ້ຮັບການອະນຸມັດແລ້ວບໍ?

wǒ men de kě xíng xìng yán jiū bào gào yǐ jīng huò dé pī zhǔn le ma
我 们 的 可 行 性 研 究 报 告 已 经 获 得 批 准 了 吗 ?

ຝ່າຍພວກທ່ານຈະມີນະໂຍບາຍພິເສດຫຍັງແກ່ພວກຂ້າພະເຈົ້າ?

guì fāng gěi wǒ men shén me yōu huì zhèng cè
贵 方 给 我 们 什 么 优 惠 政 策 ?

ພວກເຮົາສາມາດມາເຈລະຈາ ແລະ ເຊັນສັນຍາກັບ ແລະ ອາງກົດ
ລະບຽບທີ່ກ່ຽວຂ້ອງຂອງວິສາຫະກິດຮ່ວມທຶນຂອງພວກເຮົານີ້.

wǒ men kě yǐ tán pàn qiān dìng hé zī qǐ yè de hé tóng hé zhì dìng xiāng guān
我 们 可 以 谈 判 签 订 合 资 企 业 的 合 同 和 制 定 相 关

de zhāng chéng le
的 章 程 了 。

ພວກເຮົາມາພິຈາລະນາບັນຫາໃນການແບ່ງປັນຜົນກຳໄລໄດ້ບໍ?

wǒ men lái tǎo lùn gōng sī de shōu yì fēn pèi wèn tí hǎo ma
我 们 来 讨 论 公 司 的 收 益 分 配 问 题 好 吗 ?

ໄລຍະເວລາທີ່ມີຜົນສັກສິດຂອງສັນຍາພວກເຮົານັ້ນກຳນົດ 30 ປີ.

wǒ men de hé tóng yǒu xiào qī wéi nián
我 们 的 合 同 有 效 期 为 30 年 。

ຜາຍຫລັງຄົບກຳນົດໄລຍະເວລາຮ່ວມດຳເນີນທຸລະກິດ, ກຳມະສິດໃນ
ຊັບສົມບັດທັງຫມົດຂອງບໍລິສັດແມ່ນຂຶ້ນກັບຝ່າຍພວກທ່ານ.

hé zuò jīng yíng qī mǎn hòu gōng sī de chǎn quán guī guì fāng suǒ yǒu
合 作 经 营 期 满 后 , 公 司 的 产 权 归 贵 方 所 有 。

ຝ່າຍຮ່ວມມື

合 作 方

ຍິນດີຕ້ອນຮັບບໍລິສັດພວກທ່ານມາລົງທຶນຕັ້ງ ໂຮງງານຢູ່ນະຄອນ
ພວກຂ້າພະເຈົ້າ.

huān yíng guì gōng sī lái wǒ shì tóu zī shè chǎng
欢 迎 贵 公 司 来 我 市 投 资 设 厂 。

ພວກຂ້າພະເຈົ້າຈະອຳນວຍຄວາມສະດວກແກ່ບໍລິສັດພວກທ່ານ.

wǒ men huì wèi guì gōng sī tí gōng fāng biàn
我 们 会 为 贵 公 司 提 供 方 便 。

ພວກຂ້າພະເຈົ້າສາມາດຮ່ວມທຶບກັບບໍລິສັດຂອງພວກທ່ານ ເພື່ອຕັ້ງບໍ
ລິສັດຮຸ້ນສ່ວນຈຳກັດປຸງແຕ່ງຜະລິດຕະພັນກະສິກຳ / ເສື້ອສຳເລັດຮູບ.

wǒ men kě yǐ yǔ guì gōng sī hé zī jiàn lì nóng chǎn pǐn jiā gōng chǎng chéng
我 们 可 以 与 贵 公 司 合 资 建 立 农 产 品 加 工 厂 / 成
yī gǔ fèn yǒu xiàn gōng sī
衣 股 份 有 限 公 司 。

ຂ້າພະເຈົ້າເຫັນວ່າອັດຕາສ່ວນຂອງຮຸ້ນທີ່ບໍລິສັດຂ້າພະເຈົ້າຖືຢູ່ໃນຍອດ
ຈຳນວນລົງທຶບນັ້ນຄວນໃຫ້ສູງກວ່ານີ້ອີກ.

wǒ rèn wéi wǒ gōng sī zài hé zī zǒng é zhōng suǒ zhàn bǐ lì yīng gāi tí gāo
我 认 为 我 公 司 在 合 资 总 额 中 所 占 比 例 应 该 提 高
yī xiē
一 些 。

ເພື່ອເຮັດໃຫ້ບໍລິສັດດຳເນີນທຸລະກິດໄດ້ໄວ, ຂໍໃຫ້ພວກທ່ານໂອນທຶບມາ
ໂດຍດ່ວນ.

wèi shǐ gōng sī jǐn kuài kāi yè qǐng guì fāng jǐn kuài huì lái tóu zī zī jīn
为 使 公 司 尽 快 开 业 , 请 贵 方 尽 快 汇 来 投 资 资 金 。

ຂໍໃຫ້ໄປຂຶ້ນທະບຽນວິສາຫະກິດໃຫ້ໄວແລະຂໍໃບອະນຸຍາດດຳເນີນທຸລະ
ກິດ.

qǐng jǐn kuài bàn lǐ qǐ yè zhù cè dēng jì bìng lǐng qǔ yíng yè zhí zhào
请 尽 快 办 理 企 业 注 册 登 记 , 并 领 取 营 业 执 照 。

ຂໍໃຫ້ເປີດບັນຊີທະນາຄານແລະເຮັດລະບຽບການເສຍພາສີໃຫ້ແລ້ວ.

qǐng dào yín háng kāi hù bìng dào shuì wù jī guān bàn lǐ nà shuì dēng jì
请 到 银 行 开 户 , 并 到 税 务 机 关 办 理 纳 税 登 记 。

ອີງຕາມນະໂຍບາຍພິເສດຂອງລັດຖະບານປະເທດຂອງພວກຂ້າພະ
ເຈົ້າ, ພວກຂ້າພະເຈົ້າຈະປະຕິບັດຕໍ່ບໍລິສັດຂອງພວກທ່ານຄືກັນກັບປະ
ຕິບັດຕໍ່ວິສາຫະກິດຂອງປະເທດພວກຂ້າພະເຈົ້າດ້ວຍ.

gēn jù wǒ guó zhèng fǔ de yōu huì zhèng cè wǒ men jǐ yǔ guì gōng sī yǔ
根 据 我 国 政 府 的 优 惠 政 策 , 我 们 给 予 贵 公 司 与
wǒ guó qǐ yè tóng děng dài yù
我 国 企 业 同 等 待 遇 。

ເພື່ອສົ່ງເສີມການມາລົງທຶນ, ພອກຂ້າພະເຈົ້າຈະຫລຸດພາສີໃຫ້ຈຳ
ນວນນຶ່ງ.

wèi le gǔ lì tóu zī   wǒ men duì shuì shōu jǐ yǔ yī dìng de jiǎn miǎn
为 了 鼓 励 投 资 ， 我 们 对 税 收 给 予 一 定 的 减 免 。

ຄຳສັບເພີ່ມເຕີມ
补 充 词 汇

ວິສາຫະກິດຮ່ວມທຶນລະຫວ່າງຈີນກັບຕ່າງປະເທດ 中外合资企业
ວິສາຫະກິດການລົງທຶນຝ່າຍດຽວຂອງຕ່າງປະເທດ 外国独资企业
ຕີເຂົ້າຕະຫລາດສາກົນ 打入国际市场
ເຂົ້າຮ່ວມການແຂ່ງຂັນສາກົນ 参加国际竞争

ຕົ້ນທຶນຫຸ້ນສ່ວນ 股本   ຜູ້ຖືຫຸ້ນສ່ວນ 股东
ດອກເບ້ຍຫຸ້ນສ່ວນ 股利   ສິດຖືຫຸ້ນ 股权
ບັດຫຸ້ນສ່ວນ 股票

ການເປີດປະມູນແລະເຂົ້າປະມູນ
zhāo biāo hé tóu biāo
~ 招 标 和 投 标 ~

ຜູ້ເຂົ້າຮ່ວມປະມູນ
投 标 人

ຂ້າພະເຈົ້າໄດ້ອ່ານແຈ້ງການເປີດປະມູນຂອງພອກທ່ານໃນໜັງສືພິມ.
wǒ zài bào shang kàn dào le nǐ men de zhāo biāo gōng gào
我 在 报 上 看 到 了 你 们 的 招 标 公 告 。

ຂ້າພະເຈົ້າຢາກຮູ້ລາຍລະອຽດຂອງການປະມູນເທື່ອນີ້.

wǒ xiǎng liǎo jiě guān yú zhè cì zhāo biāo de jù tǐ xì jié

我 想 了 解 关 于 这 次 招 标 的 具 体 细 节 。

ແຈ້ງການເປີດປະມູນສາກົນເທື່ອນີ້ຍັງມີຜົນສັກສິດຢູ່ບໍ?

zhè yī guó jì zhāo biāo gōng gào shì fǒu hái yǒu xiào

这 一 国 际 招 标 公 告 是 否 还 有 效 ?

ມື້ກຳນົດສຸດທ້າຍຂອງການເປີດປະມູນແມ່ນມື້ໃດ?

zhāo biāo jié zhǐ rì qī dìng zài nǎ yī tiān

招 标 截 止 日 期 定 在 哪 一 天 ?

ເວລາໃດຈຶ່ງຢາຍເອກະສານຄຸນວຸດທິ?

zī gé yù shěn cái liào hé shí fā fàng

资 格 预 审 材 料 何 时 发 放 ?

ເວລາໃດຈຶ່ງສະເໜີຫງການປະມູນ?

hé shí fā biāo

何 时 发 标 ?

ເວລາໃດຈຶ່ງໄຂຂອງປະມູນ?

hé shí kāi biāo

何 时 开 标 ?

ໃບຄຳຮ້ອງກວດກາຄຸນວຸດທິຄວນຂຽນເປັນພາສາຫຍັງ?

zī gé yù shěn shēn qǐng shū yòng shén me wén zì shū xiě

资 格 预 审 申 请 书 用 什 么 文 字 书 写 ?

ຜູ້ເປີດປະມູນ

招 标 人

ກະຊວງໂຍທາທິການໄດ້ເປີດການປະມູນສາກົນເພື່ອກໍ່ສ້າງທາງ × × .

gōng gòng gōng chéng bù jiù xiū jiàn   gōng lù fā chū guó jì xìng zhāo biāo

公 共 工 程 部 就 修 建 × × 公 路 发 出 国 际 性 招 标 。

ມີແຕ່ວິສາຫະກິດທີ່ໄດ້ຜ່ານການກວດກາຄຸນວຸດທິ ຈິ່ງສາມາດເຂົ້າຮ່ວມ
ປະມູນໄດ້.

zhǐ yǒu tōng guò zī gé yù shěn de qǐ yè cái néng cān jiā tóu biāo
只 有 通 过 资 格 预 审 的 企 业 才 能 参 加 投 标 。

ຜູ້ທີ່ເຂົ້າຮ່ວມການກວດການຄຸນວຸດທິຕ້ອງແມ່ນບຸກຄົນທົ່ວໄປ ຫລື ນິຕິ
ບຸກຄົນຂອງສະມາຊິກທະນາຄານພັດທະນາອາຊີ (A.D.B) .

zī gé yù shěn cān jiā zhě bì xū shì yà zhōu kāi fā yín háng chéng yuán de zì
资 格 预 审 参 加 者 必 须 是 亚 洲 开 发 银 行 成 员 的 自
rán rén huò fǎ rén
然 人 或 法 人 。

ເອກະສານກວດການຄຸນວຸດທິຈະປ່າຍໃຫ້ເລີ່ມແຕ່ວັນທີ 20 ມັງກອນເປັນ
ຕົ້ນໄປຢູ່ທີ່ກະຊວງກໍ່ສ້າງ.

zī gé yù shěn cái liào   yuè   rì zài jiàn shè bù fā fàng
资 格 预 审 材 料 1 月 20 日 在 建 设 部 发 放 。

ວິສາຫະກິດທີ່ຈະເຂົ້າຮ່ວມການກວດການຄຸນວຸດທິໃຫ້ຍື່ນໃບຄໍາຮ້ອງ
ກ່ຽວກັບຄຸນວຸດທິກ່ອນເວລາ 12 ໂມງວັນທີ 10 ເດືອນເມສາ.

cān jiā zī gé yù shěn de gōng sī yīng yú   yuè   rì   shí qián tí jiāo zī gé
参 加 资 格 预 审 的 公 司 应 于 4 月 10 日 12 时 前 提 交 资 格
shēn qǐng
申 请 。

ໃບຄໍາຮ້ອງກ່ຽວກັບຄຸນວຸດທິຄວນຂຽນເປັນພາສາອັງກິດຫລືພາສາ
ລາວ.

zī gé yù shěn shēn qǐng shū yīng yòng yīng yǔ huò lǎo wō yǔ shū xiě
资 格 预 审 申 请 书 应 用 英 语 或 老 挝 语 书 写 。

ໃບຄໍາຮ້ອງກ່ຽວກັບຄຸນວຸດທິໃນການປະມູນຂອງບໍລິສັດຜອກທ່ານ
ຖືກຜ່ານແລ້ວ.

guì gōng sī de zī gé yù shěn yǐ huò tōng guò
贵 公 司 的 资 格 预 审 已 获 通 过 。

ເຊັນຜູ້ຮັບເໝົາມາຊື້ເອກະສານປະມູນ.

chéng bāo rén qǐng lái gòu mǎi biāo shū
承 包 人 请 来 购 买 标 书 。

ການກໍ່ສ້າງລວມມີຊ້ອມແປງພື້ນທີ່ ປູໝ້າທາງແລະຕິດຕັ້ງປ້າຍທາງ.

gōng chéng bāo kuò chǎng dì qīng lǐ   lù miàn pū shè hé lù biāo ān zhuāng
工 程 包 括 场 地 清 理、路 面 铺 设 和 路 标 安 装 。

ໄລຍະເວລາປະຕິບັດງານກຳນົດ 18 ເດືອນ.

shī gōng qī xiàn wéi   gè yuè
施 工 期 限 为 18 个 月 。

ຜູ້ຮັບເໝົາມີເວລາ 60 ມື້ ເພື່ອວາງແຜນປະມູນ.

chéng bāo rén zuò biāo shū de shí jiān wéi   tiān
承 包 人 做 标 书 的 时 间 为 60 天 。

ຄາດວ່າຈະຍາຍຂອງປະມູນໃນເດືອນເມສາ.

yù dìng   yuè fèn fā biāo
预 定 4 月 份 发 标 。

ໜັງສືສະແດງເຈດຈຳນົງເຂົ້າປະມູນນັ້ນຕ້ອງລະບຸຊື່ແລະທີ່ຢູ່ຂອງຜູ້ຮັບ
ເໝົາຢ່າງລັກແນ່.

tóu biāo yì xiàng shū yīng xiě míng chéng bāo zhě de míng chēng jí dì zhǐ
投 标 意 向 书 应 写 明 承 包 者 的 名 称 及 地 址 。

ຂອງປະມູນແຕ່ລະສະບັບຕ້ອງເສຍຄ່າປະກັນຫລືຄ່າປະກັນທີ່ກ່ຽວຂ້ອງ
1% ຂອງຍອດຈຳນວນມູນຄ່າປະມູນ.

měi fèn biāo shū yīng jiǎo nà biāo liàng zǒng é de bǎi fēn zhī yī de bǎo zhèng jīn
每 份 标 书 应 缴 纳 标 量 总 额 的 百 分 之 一 的 保 证 金
huò lián dài bǎo zhèng jīn
或 连 带 保 证 金 。

ມື້ກຳນົດສຸດທ້າຍໃນການເຂົ້າປະມູນແມ່ນກຳນົດໃສ່ວັນທີ 1 ເດືອນມິຖຸ
ນາເວລາ 12 ໂມງກ໌ງ.

tóu biāo jié zhǐ shí jiān wéi   yuè   rì   shí
投 标 截 止 时 间 为 6 月 1 日 12 时 。

ວັນທີ 5 ເດືອນ ສິງຫາ ຈະໄຂຂອງປະມູນຢ່າງເປີດເຜີຍ.

yuè　rì gōng kāi kāi biāo
8 月 5 日 公 开 开 标 。

ໃບແຈ້ງຖືກປະມູນຈະສົ່ງເຖິງຜູ້ປະມູນໄດ້ພາຍຫລັງ 3 ມື້.

zhòng biāo tōng zhī shū　tiān hòu sòng dào zhòng biāo rén shǒu zhōng
中 标 通 知 书 3 天 后 送 到 中 标 人 手 中 。

ການກວດກາ ແລະ ຮັບເອົາຂອງການງານໃນຂັ້ນສຸດທ້າຍຈະຈັດຂຶ້ນໃນມື້ທີ
ອງການສໍາເລັດບໍລິບູນ.

zài gōng chéng jùn gōng　rì　jìn xíng yàn shōu
在 工 程 竣 工 日 进 行 验 收 。

ການຮັກສາພະຍາບານ

yī liáo
医 疗

ການປິ່ນປົວພະຍາດ

zhì liáo
治 疗

ຄົນເຈັບ

ຫວ່າງມໍ່ຮູມານີ້, ຂ້ອຍບໍ່ສະບາຍປານໃດ, ມັກວິນຫົວ / ຫາຍໃຈຍາກ /
ເຈັບທ້ອງ / ຢາກຮາກ.

wǒ zuì jìn bù tài shū fu　jīng cháng tóu yūn　hū xī kùn nan　dù zi téng　xiǎng tù
我 最 近 不 太 舒 服， 经 常 头 晕 /呼 吸 困 难 /肚 子 疼 / 想 吐。

ຂ້ອຍຢາກໄປກວດການຮ່າງກາຍທີ່ສູນກັນພະຍາດຕ້ານພະຍຸ / ໂຮງໝໍວິ
ຊາແພດຝະລັ່ງ / ໂຮງໝໍວິຊາແພດຈີນ.

wǒ xiǎng dào fáng yì zhàn　xī yī yuàn　zhōng yī yuàn jìn xíng tǐ jiǎn
我 想 到 防 疫 站 /西 医 院 / 中 医 院 进 行 体 检。

ຕອນເຊົ້າຜົ່ມຕື່ນນອນ ຂ້ອຍກໍຮູ້ສຶກເຈັບຫົວ / ເຈັບຮູຄໍ / ເຈັບແຂ້ວ / ເຈັບ
ກະເພາະ.

wǒ zǎo shang qǐ lái jiù gǎn dào tóu tòng　hóu lóng tòng　yá tòng　wèi tòng
我 早 上 起 来 就 感 到 头 痛 /喉 咙 痛 /牙 痛 / 胃 痛。

ຂ້ອຍຢາກໄປກວດພະຍາດໃນພະແນກກພາຍໃນ / ພະແນກກພາຍນອກ /
ພະແນກແມ່ຍິງ / ພະແນກຂຸ່ອງປາກ.

wǒ yào kàn nèi kē　wài kē　fù kē　kǒu qiāng kē
我 要 看 内 科 / 外 科 / 妇 科 / 口 腔 科 。

ຂ້ອຍບໍ່ສະບາຍ / ເປັນໄຂ້ແລ້ວ.

wǒ bìng le　fā shāo le
我 病 了 / 发 烧 了 。

ຂ້ອຍອາດຈະເປັນຫວັດແລ້ວ, ຮ່າງກາຍບຶດຮ້ອນບຶດຫນາວ.

wǒ kě néng gǎn mào le　shēn tǐ yī huìr　lěng yī huìr　rè
我 可 能 感 冒 了 , 身 体 一 会 儿 冷 一 会 儿 热 。

ຂ້ອຍມີຄວາມດັນເລືອດສູງ / ຄວາມດັນເລືອດຕ່ຳ / ພະຍາດຫົວໃຈ.

wǒ yǒu gāo xuè yā　dī xuè yā　xīn zàng bìng
我 有 高 血 压 / 低 血 压 / 心 脏 病 。

ມື້ຄືນນີ້ ອຸນຫະພູມຂອງຮ່າງກາຍຂ້ອຍຂຶ້ນຮອດ 39 ອົງສາ, ທັງໄອບໍ່
ເຊົາ.

zuó wǎn wǒ tǐ wēn gāo dá　dù　hái ké gè bù tíng
昨 晚 我 体 温 高 达39度 , 还 咳 个 不 停 。

ຂ້ອຍປວດເມື້ອປວດຄິງແລະຈາມເລື້ອຍໆ.

wǒ zhōu shēn téng tòng　lǎo dǎ pēn tì
我 周 身 疼 痛 , 老 打 喷 嚏 。

ຂ້ອຍລົງທ້ອງ / ທ້ອງຜູກ.

wǒ lā dù zi　biàn mì
我 拉 肚 子 / 便 秘 。

ຂ້ອຍແພ້ຢາເປນິຊິລິນ.

wǒ duì qīng méi sù guò mǐn
我 对 青 霉 素 过 敏 。

ທ່ານໝໍ

ໃຫ້ເຈົ້າໄປກວດກາດ້ວຍ CT.

nǐ qù zuò yī gè   jiǎn chá
你去做一个CT检查。

ໃຫ້ເຈົ້າໄປກວດກາເລືອດ / ປັດສາວະ / ອຸດຈາລະ.

nǐ qù yàn xiě xiǎo biàn dà biàn
你去验血/小便/大便。

ບ່ອນໃດບໍ່ສະບາຍ?

nǐ nǎr   bù shū fu
你哪儿不舒服？

ເຈັບບ່ອນໃດ?

nǐ nǎr   tòng
你哪儿痛？

ອາການເຫລົ່ານີ້ມີມາດົນປານໃດແລ້ວ?

zhè zhǒng zhèng zhuàng yǒu duō cháng shí jiān le
这种症状有多长时间了？

ເຄີຍປິ່ນປົວມາກ່ອນບໍ?

yǐ qián zhì liáo guo ma
以前治疗过吗？

ເຈົ້າເຈັບໄສ້ຕິ່ງ.

nǐ dé de shì lán wěi yán
你得的是阑尾炎。

ເຈົ້າຈຳເປັນນອນໂຮງໝໍ.

nǐ děi zhù yuàn
你得住院。

ພວກເຮົາຈຳເປັນຜ່າຕັດໃຫ້ເຈົ້າ.

wǒ men děi gěi nǐ zuò shǒu shù
我们得给你做手术。

ລາວເປັນໂລກເອດສ / ຂີ້ທູດ / ໝາກສຸກ / ອະຫິວາ.
tā dé de shì ài zī bìng má fēng bìng tiān huā huò luàn
他得的是艾滋病/麻风病/天花/霍乱。

ລາວເປັນຂີ້ກາກ / ທ້ອງບິດ / ປອດແຫ້ງ / ວັນນະໂລກປອດ.
tā dé de shì niú pí xuǎn lì ji fèi jié hé
他得的是牛皮癣/痢疾/肺结核。

ຈຳເປັນຕ້ອງແຍກອອກປິ່ນປົວ.
bì xū gé lí zhì liáo
必须隔离治疗。

ເພີ່ມ (ໃສ່) ເລືອດໃຫ້ລາວ.
gěi tā shū xuè
给他输血。

ສັກຢາກັນພະຍາດໃຫ້ລາວ.
gěi tā dǎ yù fáng zhēn
给他打预防针。

ອາການເຈັບຂອງເຈົ້າບໍ່ຮ້າຍແຮງດອກ, ຈະດີຂຶ້ນໄວໆ, ອຸ່ນອ່ຽນສະຍາຍໃຈສາ.
nǐ de bìng méi shén me dà ài hěn kuài jiù huì hǎo de fàng xīn ba
你的病没什么大碍，很快就会好的，放心吧。

ຈົ່ງຮັກສາສຸຂະພາບໃຫ້ດີໆເດີ້.
nǐ yào duō bǎo zhòng a
你要多保重啊。

ນີ້ແມ່ນໃບສັ່ງຢາຂອງເຈົ້າ.
zhè shì nǐ de chǔ fāng
这是你的处方。

ກ່ອນສັກຢາ, ໃຫ້ທົດລອງໃສ່ຜິວໜັງກ່ອນ.
dǎ zhēn zhī qián yào zuò pí shì
打针之前要做皮试。

ຢານີ້ກິນກ່ອນ / ຫລັງອາຫານ.

zhè yào fàn qián   fàn hòu fú yòng

这 药 饭 前 / 饭 后 服 用 。

ຢານີ້ກິນບໍ່ໄດ້, ໃຊ້ໄດ້ແຕ່ທາ.

zhè yào bù néng nèi fú   zhǐ néng wài chá

这 药 不 能 内 服 , 只 能 外 搽 。

ຄຳແນະນຳຂອງຢາຢູ່ໃນກັບ.

yào de shuō míng shū zài hé zi li

药 的 说 明 书 在 盒 子 里 。

ມື້ລະ 3 ເທື່ອ, ເທື່ອລະ 5 ເມັດ.

měi tiān fú   cì   měi cì   kē

每 天 服 3 次 , 每 次 5 颗 。

ຢາເມັດເຫລົ່ານີ້ 12 ຊົ່ວໂມງກິນເທື່ອນຶ່ງ.

zhè xiē yào piàn měi   gè xiǎo shí fú   cì

这 些 药 片 每 12 个 小 时 服 1 次 。

ຢາປົວຕານີ້ຢອດມື້ລະ 3 ເທື່ອ.

zhè yǎn yào shuǐ měi tiān dī   cì

这 眼 药 水 每 天 滴 3 次 。

ກ່ອນຈະກິນ, ສັ່ນໃຫ້ມັນເຂົ້າກັນດີກ່ອນ.

fú qián yào yáo yún

服 前 要 摇 匀 。

ໄລຍະເວລາກິນຢົວ, ຢ່າກິນເຫລົ້າ / ກິນສົ້ມ / ກິນເຜັດ.

fú yào qī jiān bù néng hē jiǔ   chī suān de dōng xi   chī là de dōng xi

服 药 期 间 不 能 喝 酒 / 吃 酸 的 东 西 / 吃 辣 的 东 西 。

ຖ້າເກີດອາການທາງລົບ, ໃຫ້ເຂົ້າກິນຢານີ້ທັນທີ.

rú yǒu fù zuò yòng   mǎ shàng tíng zhǐ fú yòng

如 有 副 作 用 , 马 上 停 止 服 用 。

ຄຳສັບເພີ່ມເຕີມ
补充词汇

ສະຖານທີ່ປັບປ້ອສຸກເສີນ 急救站	ໂຮງພັກຟື້ນ 疗养院
ຫ້ອງກວດກາພະຍາດ 门诊部	ພະແນກຈົດທະບຽນ 挂号处
ພະແນກພາຍໃນ 内科	ພະແນກພາຍນອກ 外科
ພະແນກພະຍາດແມ່ຍິງ 妇科	ພະແນກປະສູດ 产科
ພະແນກອັນມະໂລກ 结核科	ພະແນກພະຍາດຊ່ອງປາກ 口腔科
ພະແນກຜິວຫນັງ 皮肤科	ພະແນກເສັ້ນປະສາດ 神经科
ພະແນກເອັກສະເລ X光科	ຫ້ອງວິເຄາະທາດ 化验室
ພະຍາດໄຂ້ຍຸງ 疟疾	ພະຍາດໄຂ້ເລືອດອອກ 登革热
ປະດົງ 风湿病	ປະດົງຂໍ່ 关节炎
ເຈັບໄສ້ຕິ່ງ 阑尾炎	ຕັບອັກເສບ 肝炎
ພະຍາດຫົວໃຈ 心脏病	

ຢູ່ຮ້ານຂາຍຢາ
zài yào diàn
在 药 店

ລູກຄ້າ

顾 客

ນີ້ແມ່ນໃບສັ່ງຢາຂອງຂ້ອຍ.
zhè shì wǒ de yào fāng
这 是 我 的 药 方 。

ກະລຸນາເອົາຢາຕາມໃບສັ່ງນີ້ໃຫ້ຂ້ອຍໄດ້ບໍ?

nǐ néng gěi wǒ zhuā chǔ fāng shang de yào ma

你 能 给 我 抓 处 方 上 的 药 吗？

ຢູ່ນີ້ມີຢາອັດສະເປລິນ / ກິນິນ / ຢານອນຫລັບ / ຜ້າກາວພັນບາດ / ຜ້າ
ພັນບາດຂາຍບໍ?

nǐ zhèr néng mǎi dào ā sī pǐ lín kuí níng ān mián yào jiāo bù bēng dài ma

你 这 儿 能 买 到 阿 司 匹 林 / 奎 宁 / 安 眠 药 / 胶 布 / 绷 带
吗？

ຂ້ອຍຢາກຊື້ຢາແກ້ຫວັດ.

wǒ xiǎng mǎi diǎn gǎn mào yào

我 想 买 点 感 冒 药 。

ຢາເຫລົ່ານີ້ໃຊ້ແນວໃດ?

zhè xiē yào zěn me yòng

这 些 药 怎 么 用？

ເປັນເງິນເທົ່າໃດ?

wǒ yīng fù duō shao qián

我 应 付 多 少 钱？

ຜູ້ຂາຍຢາ

售 药 员

ສຳລັບຢານີ້ ຕ້ອງມີໃບສັ່ງຢາຈຶ່ງຂາຍໃຫ້ໄດ້.

zhè zhǒng yào yào chǔ fāng

这 种 药 要 处 方 。

ຢາຊະນິດນີ້ຖ້າບໍ່ມີໃບສັ່ງຂາຍໃຫ້ບໍ່ໄດ້.

zhè zhǒng yào méi yǒu chǔ fāng bù néng mài

这 种 药 没 有 处 方 不 能 卖 。

ເຈົ້າຕ້ອງການຢາຫາຫລືຢາກິນ?

nǐ yào wài yòng yào hái shi nèi fú yào

你 要 外 用 药 还 是 内 服 药？

ຄຳແນະນຳໃຊ້ຢາດັ່ງກ່າວຢູ່ໃນກັບຫັນເດີ້.

zhè yào de yòng fǎ shuō míng shū fàng zài hé zi li
这 药 的 用 法 说 明 书 放 在 盒 子 里 。

ຢາເຫ່ົ້ານີ້ ສຳລັບກືນ / ຍຶນໃສ່ນ້ຳແລ້ວຈິ່ງຄຶ່ມ.

zhè xiē yào tūn fú   yòng shuǐ chōng fú
这 些 药 吞 服 / 用 水 冲 服 。

ມື້ຫນຶ່ງ 3 ເຫຶ່ອ, ເຫຶ່ອລະ 2 ເມັດ.

měi tiān   cì měi cì   kē
每 天 3 次 ，每 次 2 颗 。

ທຸກ 4 ຊົ່ວໂມງໃດໃຫ້ກິນຢາເມັດເຫຼົ່ານີ້ເຫຶ່ອຫນຶ່ງ.

zhè xiē yào měi   xiǎo shí fú   cì
这 些 药 每 4 小 时 服 1 次 。

ໃຫ້ກິນຢາເຫຼົ່ານີ້ 3 ຍອດ ເຊ້ົາ, ທ່ຽງແລະແລງ.

zhè xiē yào zǎo zhōng wǎn gè fú   dī
这 些 药 早 、中 、晚 各 服 3 滴 。

ຢ່າກິນກາຍກຳນົດ.

bù yào chāo guò guī dìng de fú yòng liàng
不 要 超 过 规 定 的 服 用 量 。

ໃຫ້ເຄຍ່ຳກ່ອນກິນຢາ.

fú yòng qián qǐng yáo yún
服 用 前 请 摇 匀 。

ລະວັງ, ຢາເຫຼົ່ານີ້ເຮັດໃຫ້ຄົນຢາກນອນ.

zhù yì   zhè xiē yào huì shǐ rén xiǎng shuì jiào
注 意 ，这 些 药 会 使 人 想 睡 觉 。

ໃຫ້ຄຶ່ມນ້ຳຫລາຍໆ.

yào duō hē shuǐ
要 多 喝 水 。

ເວລາປິ່ນປົວ ຢາຄຶ່ມເຫຼ້ົາ.

zhì liáo qī jiān bù yào hē jiǔ
治 疗 期 间 不 要 喝 酒 。

ຖ້າມີປະຕິກິລິຍາທາງລົບໃຫ້ເຈົ້າຕ້ອງເຊົາກິນຢານີ້ທັນທີ.

rú yǒu fù zuò yòng　　nǐ děi mǎ shàng tíng fú cǐ yào
如 有 副 作 用 , 你 得 马 上 停 服 此 药 。

ຄຳສັບເພີ່ມເຕີມ
补 充 词 汇

ອາໂຕລບີນ 阿托品

ຢາຄຸມກຳເນີດ 避孕药

ນ້ຳຢາຕັ້ງຕິໂຍດ 碘酒

ແອນກໍຮໍ 酒精

ຢາຕ້ານເຊື້ອເຫັດ 抗霉素

ນ້ຳເຫລືອງຕ້ານພິດ 抗毒血清

ຢາຕ້ານເຊື້ອ 抗生素

ການຣ່ຳຮຽນ

xué xí
学 习

ເຈົ້າຮຽນຢູ່ມະຫາວິທະຍາໄລໃດ?
nǐ zài nǎ yī suǒ dà xué xué xí
你 在 哪 一 所 大 学 学 习 ?

ເຈົ້າຮຽນຢູ່ລະນະໃດ?
nǐ shì nǎ ge xué yuàn de
你 是 哪 个 学 院 的 ?

ເຈົ້າຮຽນວິຊາຫຍັງ?
nǐ dú shén me zhuān yè
你 读 什 么 专 业 ?

ລະບົບການສຶກສາຂອງມະຫາວິທະຍາໄລແຫ່ງນີ້ດົນປານໃດ?
zhè suǒ dà xué xué zhì duō cháng
这 所 大 学 学 制 多 长 ?

ເຈົ້າແມ່ນນັກສຶກສາຫ້ອງໃດ?
tā shì nǎ ge nián jí de xué shēng
他 是 哪 个 年 级 的 学 生 ?

ເຈົ້າເຄີຍຮຽນຢູ່ມັດທະຍົມປາຍບໍ?
nǐ shàng guo gāo zhōng ma
你 上 过 高 中 吗 ?

ອ້າຍແລະນ້ອງສາວຂອງເຈົ້າຮຽນຢູ່ໃສ?
nǐ de gē ge hé mèi mei zài nǎ lǐ dú shū
你 的 哥 哥 和 妹 妹 在 哪 里 读 书 ?

ໃຜໄດ້ເສັງຂຶ້ນປະລິນຍາໂທ?

shéi kǎo shàng le shuò shì yán jiū shēng
谁 考 上 了 硕 士 研 究 生 ?

ໂຮງຮຽນພອກເຈົ້າກຳນົດໃຫ້ນັກຮຽນລົງທະບຽນໃນເວລາໃດ?

nǐ men xué xiào shén me shí hou zhù cè
你 们 学 校 什 么 时 候 注 册 ?

ມື້ໜຶ່ງຮຽນຈັກຂໍ້ໂມງ?

yī tiān shàng jǐ jié kè
一 天 上 几 节 课 ?

ຄ່າຮຽນປີໜຶ່ງເທົ່າໃດ?

yī nián de xué fèi shì duō shao
一 年 的 学 费 是 多 少 ?

ເຈົ້າເສັງໄດ້ທຸກວິຊາບໍ?

nǐ de gōng kè mén mén dōu jí gé ma
你 的 功 课 门 门 都 及 格 吗 ?

ແມ່ນໃຜຕ້ອງເສັງສະເພາະວິຊາຄະນິດສາດ?

shéi de shù xué kè yào bǔ kǎo
谁 的 数 学 课 要 补 考 ?

ນ້ອງສາວຂອງເຈົ້າເຄີຍຊ້າງຫ້ອງໃນເວລາໃດ?

nǐ mèi mei shén me shí hou liú guo jí
你 妹 妹 什 么 时 候 留 过 级 ?

ລາວຈະຮຽນຈົບໃນເວລາໃດ?

tā shén me shí hou bì yè
他 什 么 时 候 毕 业 ?

ລາວມີໃບປະກາດສະນີຍະບັດມະຫາວິທະຍາໄລໃດ?

tā yǒu nǎ suǒ dà xué de wén píng
他 有 哪 所 大 学 的 文 凭 ?

ຄຳຕອບ

回 答

ຂ້ອຍຮຽນຢູ່ມະຫາວິທະຍາໄລແຫ່ງຊາດລາວ.

wǒ zài lǎo wō guó lì dà xué xué xí

我 在 老 挝 国 立 大 学 学 习 。

ຂ້ອຍຮຽນຢູ່ລະບະອັກສອນສາດ.

wǒ zài yǔ yán xué yuàn xué xí

我 在 语 言 学 院 学 习 。

ວິຊາສະເພາະຂອງຂ້ອຍແມ່ນວັນນະຄະດີພາສາລາວ.

wǒ de zhuān yè shì lǎo wō yǔ yán wén xué

我 的 专 业 是 老 挝 语 言 文 学 。

ລາວເປັນນັກສຶກສາຂັ້ນປີທີສອງ.

tā shì èr nián jí de xué shēng

他 是 二 年 级 的 学 生 。

ເຂົາເຈົ້າແມ່ນນັກສຶກສາລະບະແພດສາດ / ລະບະກະສິກຳ / ລະບະອັກ

ສອນສາດ / ວິຊາກົດໝາຍ / ວິຊາເສດຖະສາດ ແລະ ການຄຸ້ມຄອງ.

tā men shì yī kē nóng kē wén kē fǎ lǜ zhuān yè jīng jì yǔ guǎn lǐ

他 们 是 医 科 / 农 科 / 文 科 / 法 律 专 业 / 经 济 与 管 理

zhuān yè de xué shēng

专 业 的 学 生 。

ວິຊາຂອງຂ້ອຍແມ່ນພາສາລາວ.

wǒ de zhuān yè shì lǎo wō yǔ

我 的 专 业 是 老 挝 语 。

ລະບົບການສຶກສາແມ່ນ 4 ປີ.

xué zhì shì nián

学 制 是 4 年 。

ຍັງ 15 ມື້ກໍຈະໄຂພາກຮຽນ.

hái yǒu tiān jiù yào kāi xué le

还 有 15 天 就 要 开 学 了 。

ອ້າຍຂ້ອຍຮຽນຈົບມະຫາວິທະຍາໄລໃນປີກາຍນີ້.

wǒ gē ge qù nián dà xué bì yè

我 哥 哥 去 年 大 学 毕 业 。

ໝູ່ຂ້ອຍໄດ້ເສັງຂຶ້ນປະລິນຍາໂທ.

wǒ de péng you kǎo shàng le shuò shì yán jiū shēng

我 的 朋 友 考 上 了 硕 士 研 究 生 。

ການສອບເສັງທ້າຍພາກຮຽນຕົກລົງເອັດໃນທ້າຍເດືອນເມສົນ.

qī mò kǎo shì shí jiān dìng zài yuè xià xún

期 末 考 试 时 间 定 在 6 月 下 旬 。

ຂ້ອຍມີວິຊາໜຶ່ງບໍ່ໄດ້ຜ່ານ.

wǒ yǒu yī mén kè kǎo bù jí gé

我 有 一 门 课 考 不 及 格 。

ລາວຕ້ອງເສັງສະເພາະວິຊາຄະນິດສາດ.

tā de shù xué yào bǔ kǎo

他 的 数 学 要 补 考 。

ນ້ອງສາວຂ້ອຍເຄີຍຄ້າງຫ້ອງເທື່ອໜຶ່ງໃນເວລາຮຽນປ.3.

wǒ mèi mei zài dú xiǎo xué sān nián jí de shí hou liú guo jí

我 妹 妹 在 读 小 学 三 年 级 的 时 候 留 过 级 。

ລາວຈະຮຽນຈົບໃນເດືອນກໍລະກົດປີນີ້ ດຽວນີ້ຜອມຂຽນວິທະຍານິພົນ.

tā jīn nián yuè fèn jiù yào bì yè le xiàn zài zhèng zài xiě bì yè lùn wén

他 今 年 7 月 份 就 要 毕 业 了 , 现 在 正 在 写 毕 业 论 文 。

ລາວມີໃບປະກາດສະນີຍະບັດມະຫາວິທະຍາໄລແຫ່ງຊາດລາວ.

tā chí yǒu lǎo wō guó lì dà xué de bì yè zhèng shū

他 持 有 老 挝 国 立 大 学 的 毕 业 证 书 。

ການທ່ອງທ່ຽວ

lǚ yóu
旅 游

ນັກທ່ອງທ່ຽວ

 客

ຂໍຖາມແດ່ບໍລິສັດພວກທ່ານມີລາຍການທ່ອງທ່ຽວຫຍັງແດ່ໃນສະເພາະ ຫນ້ານີ້?

qǐng wèn nǐ men gōng sī mù qián yǒu shén me lǚ yóu xiàng mù
请 问 你 们 公 司 目 前 有 什 么 旅 游 项 目?

ມີລາຍການທ່ອງທ່ຽວຫລວງພະບາງບໍ?

yǒu méi yǒu qù láng bó lā bāng de xiàng mù
有 没 有 去 琅 勃 拉 邦 的 项 目?

ຄ່າໃຊ້ຈ່າຍແຕ່ລະຄົນເທົ່າໃດ?

měi rén de fèi yong shì duō shao
每 人 的 费 用 是 多 少?

ຂ້ອຍຢາກໄປທ່ຽວສິງກະໂປ/ມາເລເຊຍ/ໄທ.

wǒ xiǎng dào xīn jiā pō mǎ lái xī yà tài guó lǚ yóu
我 想 到 新 加 坡/马 来 西 亚/泰 国 旅 游。

ວຽງຈັນມີທັດສະນີຍະສະຖານແລະບູຮານມະສະຖານແບວໃດແດ່?

wàn xiàng yǒu shén me míng shèng gǔ jì
万 象 有 什 么 名 胜 古 迹?

ປະຈຸບັນລາວມີອັນບຸນປະເພນີຫຍັງແດ່?

mù qián lǎo wō mín jiān yǒu shén me jié rì ma

目 前 老 挝 民 间 有 什 么 节 日 吗？

ມີຜູ້ພາທ່ຽວແລະແປພາສາບໍ?

yǒu dǎo yóu hé fān yì ma

有 导 游 和 翻 译 吗？

ພວກເຈົ້າສະໜອງການບໍລິການຈອງປີ້ຍົນບໍ?

nǐ men tí gōng yù dìng jī piào de fú wù ma

你 们 提 供 预 订 机 票 的 服 务 吗？

ພວກຂ້ອຍຢາກເຊົ່າລົດເມຄັນໜຶ່ງ, ໄດ້ບໍ?

wǒ men xiǎng zū yī bù kè chē kě yǐ ma

我 们 想 租 一 部 客 车 ， 可 以 吗？

ພະນັກງານ

职 员

ບໍລິສັດພວກຂ້ອຍມີລາຍການທ່ອງທ່ຽວຫລວງພະບາງ, ວຽງຈັນ, ປາກເຊ ເວລາ 5 ມື້.

wǒ men gōng sī yǒu láng bó lā bāng wàn xiàng bā sè rì yóu

我 们 公 司 有 琅 勃 拉 邦 、 万 象 、 巴 色 5 日 游 。

ພວກຂ້ອຍມີລາຍການທ່ອງປະເທດຈີນ ເວລາ 10 ມື້.

wǒ men yǒu zhōng guó rì yóu

我 们 有 中 国 10 日 游 。

ທາດຫລວງວຽງຈັນເປັນຕາທ່ຽວບຶ່ງ (ຊົມ).

wàn xiàng de tǎ luán shì zhí dé yī yóu de

万 象 的 塔 銮 是 值 得 一 游 的 。

ບໍ່ຈະຮອດບຸນຊ່ວງເຮືອ / ບຸນມະນັດສະການພະທາດຫລວງແລ້ວ.

hěn kuài jiù dào lóng zhōu jié tǎ luán jié le

很 快 就 到 龙 舟 节 / 塔 銮 节 了 。

ย้อนฝืนต๊กแรง ພอກເธิๅจำเป็นต้องย๠กเลิกลายๆภาบทัดสะนะ
จอนบๆงย่อน.

yīn wèi xià dà yǔ　 wǒ men bù dé bù qǔ xiāo mǒu xiē cān guān xiàng mù

因 为 下 大 雨 ， 我 们 不 得 不 取 消 某 些 参 观　项 目 。

ละบรูบอๆละเป็นแนอนี้, ตอนเຊ้ๆຂี้ลๆถท่รอຊ้มต๊อเมือง. ตอน
บ่ายท่รอຊ้มຕำพิພิดทะพัน.

rì　chéng shì zhè yàng de　shàng wǔ chéng chē yóu lǎn chéng shì　 xià wǔ cān

日 程 是 这 样 的 ， 上 午 乘 车 游 览 城 市 ， 下 午 参

guān bó wù guǎn

观 博 物 馆 。

ตอนล๊ำไปกินเຊ้ๆและฟังถ้มติพื้นเมืองທิ โธงแรมล้านຊ้าง.

wǎn shang zài lán cāng bīn guǎn chī fàn　 kàn mín yuè yǎn zòu

晚 上 在 澜 沧 宾 馆 吃 饭 ， 看 民 乐 演 奏 。

มื้ฮ้นเຊ้ๆ 7 โมງຂี้นล๊ดยู่ທພ้ๆ โธງแรม.

míng tiān zǎo shang　 diǎn zhōng zài bīn guǎn qián shàng chē

明 天 早 上 7 点 钟 在 宾 馆 前 上 车 。

ทัดสะบๆจอนปะเທดจิบ

yóu lǎn zhōng guó

～ 游 览 中 国 ～

ได้ยินอ่ๆปะเທดจิบมิ ทัดสะนิยะสะฤๅนและบูรๆนสะฤๅน
ຫลๆยแท่ง, ຂ้อยยๆกไปท่องท่รอปะเທดจิบຫลๆย.

tīng shuō zhōng guó yǒu xǔ duō míng shèng gǔ　 jì　 wǒ hěn xiǎng qù zhōng guó

听 说 中 国 有 许 多 名　胜 古 迹 ， 我 很 想 去 中 国

lǚ yóu

旅 游 。

ບ່ອນທີ່ຂ້ອຍຢາກໄປທ່ອງທ່ຽວທີ່ສຸດແມ່ນປັກກິ່ງ.

wǒ zuì xiǎng qù lǚ yóu de dì fang shì běi jīng
我 最 想 去旅 游 的 地 方 是北 京 。

ປັກກິ່ງແມ່ນນະຄອນຫລວງແຫ່ງສາທາລະນະລັດປະຊາຂົນຈີນ, ເປັນ
ສູນກາງການເມືອງແລະວັດທະນາທໍາຂອງປະເທດຈີນ. ຢູ່ຫັ້ນມີຫລາຍ
ອັນເປັນຕາໄປທັດສະນາຈອນ.

běi jīng shì zhōng huá rén mín gòng hé guó de shǒu dū　 shì zhōng guó de zhèng
北 京 是 中 华 人 民 共 和 国 的 首 都 , 是 中 国 的 政
zhì　 wén huà zhōng xīn　 zài nà lǐ yǒu xǔ duō zhí dé kàn de dōng xi
治 、文 化 中 心 , 在 那 里 有 许 多 值 得 看 的 东 西 。

ພະລາຊະວັງບູຮານປັກກິ່ງແມ່ນຫນຶ່ງໃນຈຳພວກສາດທີ່ມີເນື້ອທີ່ໃหຍ່ທີ່
ສຸດໃນໂລກ, ເນື້ອທີ່ທັງຫມົດມີ 7 ແສນຂາວພັນກ່ວາຕາແມັດ, ເລີ່ມ
ສ້າງໃນປີ 1406, ມາຮອດປະຈຸບັນມີປະຫວັດ 600 ກວ່າປີແລ້ວ.

běi jīng de gù gōng shì shì jiè shang guī mó zuì dà de gōng diàn zhī yī zǒng miàn jī
北 京 的 故 宫 是 世 界 上 规 模 最 大 的 宫 殿 之 一 , 总 面 积
wàn duō píng fāng mǐ　 shǐ jiàn yú　 nián　 zhì jīn yǐ yǒu　 duō nián de
72 万 多 平 方 米 , 始 建 于 1406 年 , 至 今 已 有 600 多 年 的
lǐ shǐ
历 史 。

ສວນຍິ່ເຫີຢວນ ແມ່ນພະລາຊະວັງນອກເມືອງຫລວງ ຂອງເຈົ້າຊີວິດ ລາ
ຊະວົງຊິງ, ສຸສານ 13 ແຫ່ງແມ່ນສຸສານຂອງ ເຈົ້າຊີວິດ ລາຊະວົງ ຫມິງ
13 ອົງ.

yí hé yuán shì qīng cháo shí qī huáng jiā yuán lín　 shí sān líng shì míng cháo shí
颐 和 园 是 清 朝 时 期 皇 家 园 林 , 十 三 陵 是 明 朝 十
sān wèi huáng dì de líng mù
三 位 皇 帝 的 陵 墓 。

ກຳແພງເມືອງຈີນເລີ່ມສ້າງໃນສະຕະວັດທີ 7 ກ່ອນຄ.ສ. ມາຮອດປະຈຸ
ບັນນີ້ມີປະຫວັດເຖິງ 2 600 ກວ່າປີແລ້ວ.

cháng chéng shǐ jiàn yú gōng yuán qián　 shì jì　 zhì jīn yǐ yǒu　 duō nián
长 城 始 建 于 公 元 前 7 世 纪 , 至 今 已 有 2 600 多 年
de lì shǐ
的 历 史 。

ນອກຈາກປັກກິ່ງແລ້ວ, ຊີອານ, ຫາງໂຈ່ວແລະກຸ້ຍຫລິນກໍແມ່ນເມືອງທີ່
ເປັນຕາໜ້າທ່ອງທ່ຽວ.

chú le běi jīng　　xī ān háng zhōu hé guì lín yě shì zhí dé yī yóu de dì fang
除了北京，西安、杭州和桂林也是值得一游的地方。

ຊີອານແມ່ນໜຶ່ງໃນລາຊະທານີເກົ່າຂອງປະເທດຈີນ, ຢູ່ນັ້ນມີຮູບປັ້ນທະ
ຫານ ແລະ ມ້າຂອງປະຖົມກະສັດລາຊະວົງສິນທີ່ຂຶ້ນຊື່ລືຊາໄປທົ່ວໂລກ.

xī ān shì zhōng guó de gǔ dū zhī yī　　nà lǐ yǒu jǔ shì wén míng de qín shǐ
西安是中国的古都之一，那里有举世闻名的秦始
huáng bīng mǎ yǒng
皇兵马俑。

ຫາງໂຈ່ວແມ່ນເມືອງທີ່ມີທິວທັດສວຍງາມ, ໄດ້ຮັບການສົມມຸດຕິນາມ
ວ່າແດນສະຫວັນໃນເມືອງລົມ.

háng zhōu fēng jǐng xiù měi　　bèi yù wéi　　rén jiān tiān táng
杭州风景秀美，被誉为"人间天堂"。

ກຸ້ຍຫລິນແມ່ນໜຶ່ງຂອງເມືອງທ່ອງທ່ຽວທີ່ລືຊື່ທີ່ສຸດຂອງປະເທດຈີນ.

guì lín shì zhōng guó zuì zhù míng de lǚ yóu chéng shì zhī yī
桂林是中国最著名的旅游城市之一。

ພູຜາແລະນ້ຳຢູ່ກຸ້ຍຫລິນງາມຫລາຍ, ດັ່ງນັ້ນ ຄົນທັງຫລາຍຈຶ່ງວ່າພູ
ຜາ ແລະ ນ້ຳຢູ່ກຸ້ຍຫລິນເປັນເອກໃນໂລກ.

guì lín de shān hé shuǐ tè bié měi　　yīn cǐ rén men shuō　　guì lín shān shuǐ jiǎ
桂林的山和水特别美，因此人们说"桂林山水甲
tiān xià
天下"。

ຫິນຍ້ອຍໃນຖ້ຳໂລຕີຍຣນ ແລະຖ້ຳ ຊິຊິງຢຣນ ມີຮ້ອຍຮູບພັນຂ້ຳ,
ງາມແທ້ງາມຫຼາຍມາກລົ້ນ, ຈົນບໍ່ງໍ່ໄຫວ່.

lú dí yán　　qī xīng yán de zhōng rǔ shí qiān zī bǎi tài　　měi bù shèng shōu
芦笛岩、七星岩的钟乳石千姿百态，美不胜收。

ຂີ່ເຮືອທ່ຽວລອດແມ່ນ້ຳລີຈ່ຽງເໝືອນດັ່ງໄດ້ໄປຣອດແດນສະຫວັນ.

chéng chuán yóu lǎn lí jiāng yóu rú shēn lín xiān jìng yī bān
乘船游览漓江犹如身临仙境一般。

ການເຄື່ອນໄຫວກິລາ

tǐ yù yùn dòng
体育运动

ຫັດກາຍ

duàn liàn shēn tǐ
锻炼身体

ຂ້ອຍມັກຫັດກາຍ.

wǒ xǐ huan duàn liàn shēn tǐ
我喜欢 锻炼身体。

ທຸກໆຕອນເຊົ້າຂ້ອຍກໍໄປແລ່ນ / ຫັດກາຍບໍລິຫານ / ຫລິ້ນມວຍຫ້າຍຈີ.

měi tiān zǎo shang wǒ dōu qù pǎo bù zuò tǐ cāo dǎ tài jí quán
每天早上，我都去跑步 / 做体操 / 打太极拳。

5 ໂມງແລງຂ້ອຍມັກໄປຫລິ້ນບານ.

xià wǔ diǎn wǒ cháng qù dǎ qiú
下午5点，我 常 去打球。

ຂ້ອຍມັກຫລິ້ນບານບ້ວງ / ບານສົ່ງ / ບານເຕະ / ບານປິ່ງປ່ອງ.

wǒ xǐ huan lán qiú pái qiú zú qiú pīng pāng qiú
我喜欢 篮球 / 排球 / 足球 / 乒乓球。

ລາວມັກແລ່ນທົ່ນ / ແລ່ນໄວ / ແລ່ນມາລາທອນ.

tā xǐ huan cháng pǎo duǎn pǎo mǎ lā sōng
他喜欢 长跑 / 短跑 / 马拉松。

ອ້າຍຂ້ອຍມັກເຕັ້ນສູງ, ນ້ອງສາວຂ້ອຍມັກເຕັ້ນໄກ.

wǒ gē ge xǐ huan tiào gāo　　wǒ mèi mei xǐ huan tiào yuǎn
我 哥 哥 喜 欢 跳 高 , 我 妹 妹 喜 欢 跳 远 。

ເອື້ອຍຂ້ອຍແມ່ນຜູ້ຊະນະເລີດໂດດນ້ຳໃນງານກິລາໂອແລັມປິກ.

wǒ jiě jie shì ào yùn huì tiào shuǐ guàn jūn
我 姐 姐 是 奥 运 会 跳 水 冠 军 。

ນ້ອງຊາຍລາວແມ່ນຜູ້ຊະນະເລີດໃນການແຂ່ງຂັນຊິງຊະນະເລີດປີ່ງ
ປ່ອງລະດັບໂລກ.

tā dì di shì shì jiè pīng pāng qiú jǐn biāo sài guàn jūn
他 弟 弟 是 世 界 乒 乓 球 锦 标 赛 冠 军 。

ນາງໄດ້ຮັບຫລຽນຄຳ / ຫລຽນເງິນ / ຫລຽນທອງໃນການແຂ່ງຂັນລອຍ
ນ້ຳຜົຍຍິງ.

tā huò dé le nǚ zǐ yóu yǒng sài de jīn pái　yín pái　tóng pái
她 获 得 了 女 子 游 泳 赛 的 金 牌 / 银 牌 / 铜 牌 。

ຜົນງານຂອງນາງໄດ້ທຳລາຍສະຖິຕິໂລກ.

tā de chéng jì dǎ pò le shì jiè jì lù
她 的 成 绩 打 破 了 世 界 记 录 。

ຜົນງານຂອງລາວໄດ້ສະເໜີກັບກັບສະຖິຕິຂອງທົ່ວປະເທດ.

tā de chéng jì píng le quán guó jì lù
他 的 成 绩 平 了 全 国 记 录 。

ທິມລັດເຊຍ ແລະ ທິມຝະລັ່ງໄດ້ເຂົ້າແຂ່ງຂັນຮອບກຶ່ງຊິງຊະນະເລີດ.

é luó sī duì hé fǎ guó duì chuǎng jìn le bàn jué sài
俄 罗 斯 队 和 法 国 队 闯 进 了 半 决 赛 。

ທິມບຣາຊິນໄດ້ຮັບສິດເຂົ້າຮ່ວມການແຂ່ງຂັນຮອບຊິງຊະນະເລີດ.

bā xī duì huò dé le jué sài quán
巴 西 队 获 得 了 决 赛 权 。

ທິມສາທາລະນະລັດເກົາຫລີນຳໜ້າໝູ່ດ້ອຍຄະແນນ 2 ຕໍ 1.

hán guó duì yǐ　　　līng xiān
韩 国 队 以 2：1 领 先 。

ທິມແອັກສະປາຍໄດ້ຮັບໄຊຊະນະດ້ອຍລະແບບ 90 ຕໍ່ 78.

xī bān yá duì yǐ　　　qǔ shèng
西 班 牙队以 90 : 78取 胜 。

ທິມນີ້ຖືກລັດອອກຈາກການແຂ່ງຂັນຮອບທີ 2.

zhè ge duì zài dì èr lún bǐ sài zhōng bèi táo tài
这 个队在第二轮比赛 中 被淘汰 。

ການແຂ່ງຂັນ
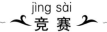
jìng sài
竞 赛

ງານກິລາໂອແລມປິກຈະຈັດຂຶ້ນເທື່ອໜຶ່ງທຸກໆ 4 ປີ.

ào yùn huì měi nián jǔ xíng yī cì
奥 运 会 每 4 年 举 行 一 次 。

ປີນີ້ງານກິລາອາຊີຈັດຂຶ້ນຢູ່ບາງກອກ.

jīn nián yà yùn huì zài màn gǔ jǔ xíng
今 年 亚 运 会 在 曼 谷 举 行 。

ເຂົາເຈົ້າຫາກໍໄປເຂົ້າຮ່ວມການແຂ່ງຂັນຊະນະເລີດກິລາປິ່ງປ່ອງ ໂລກ 2019.

tā men gāng cān jiā le shì jiè pīng pāng qiú jǐn biāo sài
他 们 刚 参 加 了 2019 世 界 乒 乓 球 锦 标 赛 。

ລາວເຄີຍໄດ້ຕາງໜ້າປະເທດເຮົາໄປເຂົ້າຮ່ວມການແຂ່ງຂັນບານ ບ້ວງມິດຕະພາບສາກົນ.

tā céng dài biǎo wǒ guó cān jiā guó jì lán qiú yǒu yì sài
她 曾 代 表 我 国 参 加 国 际 篮 球 友 谊 赛 。

ພາຍຫລັງການແຂ່ງຂັນຮອບຄັດເລືອກຈົບລົງແລ້ວ, ການແຂ່ງ
ຂັນຮອບຊິງຊະນະເລີດ 1 ໃນ 4, ການແຂ່ງຂັນຮອບກຸ່ມຊິງຊະນະ
ເລີດແລະການແຂ່ງຂັນຮອບສຸດທ້າຍຈະຈັດຂຶ້ນຢ່າງຕໍ່ເນື່ອງກັນ.

yù sài jié shù hòu   sì fēn zhī yī jué sài   bàn jué sài hé jué sài jiāng xiāng jì
预赛结束后，四分之一决赛、半决赛和决赛将　相继
jǔ xíng
举行。

ທີມສາທາລະນະລັດເກົາຫລີໄດ້ເຂົ້າໃນ 8 ທີມສຸດທ້າຍ.

hán guó duì dǎ jìn le qián   míng
韩国队打进了前8名。

ສອງທີມພວມຊິງເອົາສິດເຂົ້າການແຂ່ງຂັນຊະນະເລີດ.

liǎng duì zhèng zài zhēng duó jué sài quán
两队正在争夺决赛权。

ທີມສາທາລະນະລັດເກົາຫລີໄດ້ຮັບສິດເຂົ້າຊິງຊະນະເລີດ.

hán guó duì huò dé jué sài quán
韩国队获得决赛权。

ການແຂ່ງຂັນຊິງຊະນະເລີດແມ່ນລະຫວ່າງທີມຂອງສາທາລະນະລັດ
ເກົາຫລີແລະທີມຝະລັ່ງ.

jué sài zài hán guó duì hé fǎ guó duì zhī jiān jìn xíng
决赛在韩国队和法国队之间进行。

ທີມເຢຍລະມັນໄດ້ຊະນະເລີດຈຸອາຍຸເຕັມກະສຽນ / ໝູ່ຊະນະປະ
ເພດຊາຍຂອງເຢົາອະຍຸ / ໝູ່ຊະນະປະເພດຍິງ.

dé guó duì huò dé chéng nián zǔ   shào nián zǔ de nán zǐ tuán tǐ   nǚ zǐ tuán
德国队获得成　年组 / 少　年组的男子团体 / 女子团
tǐ guàn jūn
体冠军。

ທີມອາເມລິກາໄດ້ນຳໜ້າ / ນຳໜ້າໄປໄກ.

měi guó duì lǐng xiān   yáo yáo lǐng xiān
美国队领先 / 遥遥领先。

ທີມອັງກິດມີຄະແນນນຳຫນ້າ 2 ຕໍ່ 1.

yīng guó duì　　　líng xiān
英 国 队 2：1 领 先 。

ທີມອັງກິດໄດ້ຮັບໄຊດ້ວຍຄະແນນ 40 ຕໍ່ 36.

yīng guó duì yǐ　　　huò shèng
英 国 队 以 40：36 获 胜 。

ທີມ ×× ຖືກປັດເຍ່ຍ (ລົບລ້າງ) ອອກຈາກໃນການແຂ່ງຂັນຊິງຄະ
ນະ ເລີດ 1 ໃນ 4.

　　　duì zài sì fēn zhī yī jué sài zhōng bèi táo tài
×× 队 在 四 分 之 一 决 赛 中 被 淘 汰 。

ລາວຕື້ນໄດ້ 7 ແມັດ.

tā tiào yuǎn tiào guò le　mǐ
他 跳 远 跳 过 了 7 米 。

ລາວໄດ້ທີ 3 ໃນການແຂ່ງຂັນແລ່ນໄວຮ້ອຍແມັດ.

tā bǎi mǐ pǎo huò dé dì sān míng
她 百 米 跑 获 得 第 三 名 。

ລາວໄດ້ທີ 1 ໃນການແຂ່ງຂັນຕື້ນໄກ 3 ຈັງຫວະ.

tā huò dé sān jí tiào yuǎn de dì yī míng
他 获 得 三 级 跳 远 的 第 一 名 。

ເຂົາເຈົ້າໄດ້ເປັນທີ 2 ປະເພດຊາຍຄູ່.

tā men huò dé nán zǐ shuāng dǎ bǐ sài de yà jūn
他 们 获 得 男 子 双 打 比 赛 的 亚 军 。

ລາວແມ່ນຜູ້ຊະນະເລີດຂອງໂລກ.

tā shì shì jiè guàn jūn
他 是 世 界 冠 军 。

ລາວໄດ້ຮັບຫລຽນຄຳ / ຫລຽນເງິນ / ຫລຽນທອງ ໃນການແຂ່ງຂັນ
ໂດດນ້ຳແພດ ຍີ່ງ.

tā huò dé le nǚ zǐ gāo tái tiào shuǐ jīn pái yín pái tóng pái
她 获 得 了 女 子 高 台 跳 水 金 牌 / 银 牌 / 铜 牌 。

ເປັນການແຂ່ງຂັນຂອງລາວສະເໝີກັບສະຖິຕິຂອງຊາດ.

tā de chéng jì píng le quán guó jì lù
他 的 成 绩 平 了 全 国 记录。

ລາວໄດ້ສ້າງສະຖິຕິໂລກ.

tā chuàng zào le shì jiè jì lù
他 创 造 了 世界 记录。

ລາວໄດ້ທຳລາຍສະຖິຕິຂອງໂລກໄລຍະ 100 ແມັດ ການລອຍກົບປະ
ເພດຍີງດ້ອຍຄວາມໄວ 1 ນາທີ 5 ວິນາທີ 6 ລືບດາ.

tā yǐ fēn miǎo de chéng jì dǎ pò le nǚ zǐ mǐ wā yǒng shì jiè jì lù
她 以 1 分 5 秒 6 的 成 绩 打破 了 女子 100 米 蛙 泳 世界 记录。

ສະຖິຕິຂອງລາວໄດ້ຖືກຮັບຮູ້.

tā de jì lù yǐ jīng dé dào le chéng rèn
他 的 记录 已 经 得 到 了 承 认 。

ເຂົາເຈົ້າໄດ້ຮັກສາສະຖິຕິໃນການແລ່ນສົ່ງຕໍ່ 4 × 100 ແມັດໄວ້ໄດ້.

tā men bǎo chí zhe mǐ jiē lì pǎo de shì jiè jì lù
她 们 保 持 着 4 × 100 米 接力 跑 的 世界 记录。

ລາວແມ່ນຜູ້ຮັກສາສະຖິຕິແຫ່ງຊາດໃນການລອຍແມງກະເບື້ອ 200
ແມັດປະເພດຊາຍ.

tā shì nán zǐ mǐ dié yǒng quán guó jì lù bǎo chí zhě
他 是 男 子 200 米 蝶 泳 全 国 记录 保 持 者 。

ການແຂ່ງຂັນເຕະບານ

zú qiú sài
足 球 赛

ສອງທີມພວມລົງເຄິ່ນ.

liǎng duì xiàn zài jìn chǎng
两 队 现 在 进 场 。

ທິມຝະລັ່ງນຸ່ງເສື້ອສີຟ້າ ໂສ້ງຂາສັ້ນສີຂາວ, ຢູ່ເບື້ອງຂວາບຸກໄປເບື້ອງ
ຊ້າຍ.

fǎ guó duì chuān lán sè shàng yī　bái sè duǎn kù　yòu gōng zuǒ
法国队 穿 蓝色 上 衣、白色 短裤，右 攻 左。

ກຳມະການຕັດສິນແມ່ນຄົນເຢຍລະມັນ, ກຳມະການເສັ້ນສອງຄົນແມ່ນ
ຄົນໂຮນລັງແລະຟິນແລນ.

zhǔ cái pàn shì dé guó rén　liǎng gè xún biān yuán shì hé lán rén hé fēn lán rén
主裁 判是 德国 人，两个 巡边 员 是 荷兰人 和 芬兰 人。

ກອງໜ້າໄດ້ບານ, ແລ້ວບຸກໄປທາງຝ່າຍກົງກັນຂ້າມ.

qián fēng dé qiú　xiàng duì fāng　qián chǎng　jìn gōng
前 锋 得球，向 对 方（前 场 ）进攻 。

ລາວສົ່ງບານໃຫ້ × ×.

tā bǎ qiú chuán gěi
他 把 球 传 给 × × 。

ບ່ຽກຊ້າຍກອງຫລັງຂອງທິມ × × ໄດ້ລັດ.

duì zuǒ hòu wèi lán jié
× × 队 左 后 卫 拦 截 。

× × ເຕະບຸກຜ່ານທິມ YY , ທິມ YY ພະຍາຍາມຍາດເອົາບານຈາກ
ລາວ.

dài qiú chōng xiàng　duì　　duì jí　lì qiǎng tā de qiú
× × 带球 冲 向 Y Y 队，Y Y 队 极 力 抢 他 的 球 。

ລາວເຮັດຜິດກົດລະບຽບຍ້ອນເອົາມືຕີບານໃນເຂດຫ້າມ.

tā zài jìn qū nèi shǒu qiú fàn guī
他 在禁区 内 手 球 犯规 。

ກຳມະການໄດ້ລົງໂທດສອງເທື່ອຕໍ່ທິມ × × .

cái pàn liǎng cì pàn　　duì fàn guī
裁判 两 次 判 × × 队 犯规 。

ຜູ້ເຝົ້າປະຕູຈັບບານໄດ້ແລະສົ່ງອອກ.

shǒu mén yuán jiē zhù qiú　　dà jiǎo kāi xiàng qián chǎng

守 门 员 接 住 球 ，大 脚 开 向 前 场 。

ກອງຫລັງໄດ້ກອບກູ້ໃນການເຕະບານອອກ.

hòu wèi dà jiǎo jiě wéi

后 卫 大 脚 解 围 。

× × ເຕະບໍ່ຜ່ານ.

dài qiú méi yǒu dài guò qù

× × 带 球 没 有 带 过 去 。

ລ້ຳໜ້າ.

yuè wèi

越 位 。

ບໍ່ໄດ້ລ້ຳໜ້າ.

méi yǒu yuè wèi

没 有 越 位 。

ເຕະໂດຍກົງ.

rèn yì qiú

任 意 球 。

ລູກໂທດ.

diǎn qiú

点 球 。

ເຄິ່ງທຳອິດໝົດແລ້ວ, ສອງຝະບະໄດ້ປ່ຽນທາງກັ້ນ.

shàng bàn chǎng yǐ jié shù shuāng fāng jiāo huàn chǎng dì

上 半 场 已 结 束 ，双 方 交 换 场 地 。

ນັກກິລາເບີ 10 ປ່ຽນເບີ 8.

hào qiú yuán tì xià　hào qiú yuán

10 号 球 员 替 下 8 号 球 员 。

ສອງຝະບະຈະແຂ່ງຂັນຕໍ່ເວລາ.

liǎng duì jiāng jìn xíng jiā shí sài

两 队 将 进 行 加 时 赛 。

ລາວບຸກໄດ້ / ຍາດປະຕູ.

tā gōng rù shè shī yī qiú
他 攻 入 / 射 失 一 球 。

× × ເຕະສິ່ງບານເຂົ້າຕາໜ່າງບາດຄ້ອ.

　　　　yī jiǎo bǎ qiú sòng rù wǎng wō
× × 一 脚 把 球 送 入 网 窝 。

ຍິງບານຕຳເສົາປະຕູເບື້ອງຊ້າຍ.

qiú dǎ zài zuǒ mén zhù shang
球 打 在 左 门 柱 上 。

ຄຮອນນີ້ແມ່ນຄະແນນ 3 ຕໍ 0 , ທິມ × × ໄດ້ນຳໜ້າທິມ YY.

xiàn zài bǐ fēn shì　　　　　 duì lǐng xiān yú　　 duì
现 在 比 分 是 3：0，X X 队 领 先 于 Y Y 队 。

ກຳມະການເປົ່າຫວິດໃນເວລາສຸດທ້າຍ ທິມ × × ຍາຍທິມ Y Y ດ້ວຍຄະ

ແນນ 4 ຕໍ 1.

cái pàn de zhōng chǎng shào shēng xiǎng le　　 duì　　　zhàn shèng　　duì
裁 判 的 终 场 哨 声 响 了，X X 队 4：1 战　 胜　 Y Y 队 。

ສອງທິມໄດ້ຄະແນນສະເໝີກັນ ຄື 3 ຕໍ 3, ການສູ້ຮົບຂັ້ນດັດຂາດຄ້ວຍ

ການຍິງປະຕູຈະເປີດຂຶ້ນທັນທີ.

shuāng fāng　　　　 dǎ chéng le píng jú　　 mǎ shàng jiù shì diǎn qiú jué zhàn
双　 方 3：3 打　 成　 了 平 局，马 上 就 是 点 球 决 战 。

ໃນທີ່ສຸດການແຂ່ງຂັນຈົບລົງດ້ວຍໄຊຊະນະຂອງທິມສາທາລະນະ

ລັດເກົາຫລີໃນຄະແນນ 2 ຕໍ 1.

bǐ sài jié guǒ shì hán guó duì yǐ　　　 qǔ shèng
比 赛 结 果 是 韩 国 队 以 2：1 取 胜 。

ຄຳສັບເພີ່ມເຕີມ
补充词汇

ອ້ອກມວຍ 拳击

ການແຂ່ງຂັນຍ່າງໄວ 竞走

ກລິກເກ 棒球

ບານລັກບີ 橄榄球

ເສີບບານ 发球

ຄູຝຶກ 教练员

ການແຂ່ງຂັນແລ່ນຕໍ່ແຮງກັນ 接力赛跑

ກາຍຍະບໍລິຫານ 体操

ຕັ້ນຄໍ້າສູງ 撑杆跳高

ຣອກກີບ້ຳກ້ານ 冰球

ຜິດກະຕິກາ 犯规

ສະເໝີກັນ 平局

ຫົວໜ້າຄະນະ 领队

ບັນເທິງ

yú lè
娱乐

ຄ່ຳນີ້ມີໂຮງຮູບເງົາຈະສາຍເລື່ອງຫຍັງ?

jīn wǎn diàn yǐng yuàn fàng yìng shén me diàn yǐng
今 晚 电 影 院 放 映 什 么 电 影 ？

ຮອບທີສອງຈະເລີ່ມເວລາໃດ?

dì èr chǎng jǐ diǎn kāi shǐ
第 二 场 几 点 开 始 ？

ຈະຊື້ປີ້ຮູບເງົາຢູ່ໃສ?

zài nǎr kě yǐ mǎi dào diàn yǐng piào
在 哪 儿 可 以 买 到 电 影 票 ？

ໂທລະພາບໃນຄ່ຳນີ້ມີທຍັງເປັນຕາເບິ່ງບໍ?

jīn wǎn diàn shì yǒu shén me hǎo kàn de jié mù
今 晚 电 视 有 什 么 好 看 的 节 目 ？

ເລື່ອງໂທລະພາບຂອງຄ່ຳນີ້ມ່ວນບໍ?

jīn wǎn de diàn shì jù jīng cǎi ma
今 晚 的 电 视 剧 精 彩 吗 ？

ລາຍການຊ່ອງໃດມ່ວນກວ່າໝູ່?

nǎ ge pín dào de jié mù zuì jīng cǎi
哪 个 频 道 的 节 目 最 精 彩 ？

ນາງເອກ / ພະເອກຂອງຮູບເງົາເລື່ອງນີ້ແມ່ນໃຜ?

zhè bù diàn yǐng de nǚ zhǔ jué nán zhǔ jué shì shéi
这 部 电 影 的 女 主 角 / 男 主 角 是 谁 ？

ເລື່ອງໂທລະພາບນີ້ແມ່ນໃຜເປັນນັກສະແດງ?
zhè bù diàn shì jù yǒu nǎ xiē yǎn yuán
这 部 电 视 剧 有 哪 些 演 员 ？

ເຈົ້າມັກເບິ່ງຝິມເລື່ອງຫຍັງ?
nǐ xǐ huan kàn shén me piān zi
你 喜 欢 看 什 么 片 子 ？

ລາວມັກເບິ່ງລະຄອນຫຍັງ?
tā xǐ huan kàn shén me jù
他 喜 欢 看 什 么 剧 ？

ຢູ່ວຽງຈັນ, ກາງຄືນພວກຂາວໜຸ່ມມັກໄປຫລິ້ນຢູ່ໃສ?
zài wàn xiàng wǎn shang qīng nián men dōu xǐ huan dào nǎr qù wán
在 万 象 , 晚 上 青 年 们 都 喜 欢 到 哪 儿 去 玩 ？

ເຂົາເຈົ້າມັກຟ້ອນລຳຫຍັງແດ່?
tā men xǐ huan tiào shén me wǔ
他 们 喜 欢 跳 什 么 舞 ？

ລາວມັກຟັງດົນຕີຫຍັງ?
tā xǐ huan tīng shén me yīn yuè
他 喜 欢 听 什 么 音 乐 ？

ປະເທດລາວມີເຄື່ອງດົນຕີພື້ນເມືອງຫຍັງແດ່?
lǎo wō yǒu shén me mín jiān yuè qì
老 挝 有 什 么 民 间 乐 器 ？

ນ້ອງສາວເຈົ້າຮູ້ຫລິ້ນເຄື່ອງດົນຕີຫຍັງ?
nǐ mèi mei huì wán shén me yuè qì
你 妹 妹 会 玩 什 么 乐 器 ？

ຄຳຕອບ

ຄືນນີ້ນີ້ ໂຮງຮູບວິ່ງຈະສາຍເລື່ອງ ×× .
jīn wǎn diàn yǐng yuàn fàng yìng diàn yǐng
今 晚 电 影 院 放 映 电 影 《×× 》。

ຮອບທີສອງຈະເລີ່ມແຕ່ 19 ໂມງ 30 ນາທີ.

dì èr chǎng   diǎn   fēn kāi shǐ
第 二 场 19 点 30 分 开 始 。

ຢູ່ປ່ອງນອກປະຕູມີປີ້ຂາຍ.

mén wài de chuāng kǒu yǒu piào mài
门 外 的 窗 口 有 票 卖 。

ໂທລະພາບຂອງຄືນນີ້ບໍ່ມີຫຍັງເປັນຕາເບິ່ງ.

jīn wǎn diàn shì méi yǒu shén me hǎo kàn de
今 晚 电 视 没 有 什 么 好 看 的 。

ເລື່ອງໂທລະພາບຂອງຄືນນີ້ມີໜ່ວນຫລາຍ.

jīn wǎn de diàn shì jù hěn jīng cǎi
今 晚 的 电 视 剧 很 精 彩 。

ລາຍການຊ່ອງ 1 ໜ່ວນກວ່າໝູ່.

pín dào de jié mù zuì hǎo kàn
1 频 道 的 节 目 最 好 看 。

ຂ້ອຍມັກເບິ່ງເລື່ອງການສະແດງສູ້ລົບ / ເລື່ອງຕະຫລົກ / ສາລະຄະດີ.

wǒ xǐ huan kàn wǔ dǎ piàn   xǐ jù piàn   jì lù piàn
我 喜 欢 看 武 打 片 / 喜 剧 片 / 纪 录 片 。

ລາວມັກເບິ່ງລະຄອນເວົ້າ / ລະຄອນໃບ້ (ກິກ).

tā xǐ huan kàn huà jù   yǎ jù
他 喜 欢 看 话 剧 / 哑 剧 。

ຢູ່ວຽງຈັນ, ກາງຄືນຊາວຫນຸ່ມສ່ວນຫລາຍມັກໄປຫລິ້ນຢູ່ໂຮງຟ້ອນລຳ.

zài wàn xiàng   wǎn shang qīng nián men dōu xǐ huan dào wǔ tīng qù wán
在 万 象 , 晚 上 青 年 们 都 喜 欢 到 舞 厅 去 玩 。

ເຂົາເຈົ້າບາງເທື່ອຟ້ອນລຳສາກົນ, ບາງເທື່ອຟ້ອນລຳວົງ.

tā men yǒu shí tiào jiāo yì wǔ   yǒu shí tiào nán wàng wǔ   lǎo wō mín zú wǔ
他 们 有 时 跳 交 谊 舞 , 有 时 跳 南 旺 舞 (老 挝 民 族 舞
dǎo zhī yī
蹈 之 一) 。

ລາວມັກຟັງດົນຕີຊິມໂຟນີ.

tā xǐ huan tīng jiāo xiǎng yuè
他 喜 欢 听 交 响 乐 。

ເຄື່ອງດົນຕີພື້ນເມືອງລາວມີຫລາຍຢ່າງ, ແຕ່ມັກໃຊ້ທໍ່ໄປບັ້ນແມ່ນແຄນ ແລະ ລະນາດ.

lǎo wō de mín jiān yuè qì hěn duō cháng jiàn de yuè qì yǒu lú shēng hé mù qín
老 挝 的 民 间 乐 器 很 多 ， 常 见 的 乐 器 有 芦 笙 和 木 琴 。

ນ້ອງສາວຂ້ອຍຮູ້ຫລິ້ນປີອາໂນ / ໄວໂອລິນ / ເປົ່າປີ່.

wǒ mèi mei huì tán gāng qín lā xiǎo tí qín chuī dí zi
我 妹 妹 会 弹 钢 琴 / 拉 小 提 琴 / 吹 笛 子 。

ຄຳສັບເພີ່ມເຕີມ
补 充 词 汇

ງິ້ວປັກກິ່ງ 京剧	ງິ້ວກວາງຕຸ້ງ 粤剧
ລະຄອນຟ້ອນ 舞剧	ລະຄອນຮ້ອງແລະຟ້ອນ 歌舞剧
ຟ້ອນບາເລ 芭蕾舞	ຄະນະສິລະປະກອນ 歌舞团
ດາລາແພງ 歌星	ດາລາຟ້ອນ 舞星
ດາລາຮູບເງົາ 电影明星	ສຽງສູງຊາຍ 男高音
ສຽງກາງຊາຍ 男中音	ສຽງຕ່ຳຊາຍ 男低音
ສຽງສູງຍິງ 女高音	ສຽງກາງຍິງ 女中音
ສຽງຕ່ຳຍິງ 女低音	ປີ່ຝະລັ່ງ 黑管
ຊໍ 胡琴	ມັງໂດລິນ 曼陀铃

ການສ້ອມແປງ

wéi xiū
维 修

ລູກຄ້າ

顾 客

ຂໍໂທດ, ເຄື່ອງປັບອາກາດໃນຫ້ອງການຂ້ອຍເພແລ້ວ, ເຈົ້າແປງ
ໄດ້ບໍ?

duì bu qǐ   wǒ bàn gōng shì de kōng tiáo huài le   nǐ néng xiū ma
对 不 起 , 我 办 公 室 的 空 调 坏 了 , 你 能 修 吗 ?

ປັບໄດ້ແຕ່ຄວາມຮ້ອນ, ປັບຄວາມເຢັນບໍ່ໄດ້.

zhǐ néng zhì nuǎn   bù néng zhì lěng
只 能 制 暖 , 不 能 制 冷 。

ເຄື່ອງປັບຄວາມຮ້ອນ (ຮິດເຕີ) ເກີດບັນຫາຂັດຂ້ອງ.

zhì nuǎn bù jiàn chū gù zhàng le
制 暖 部 件 出 故 障 了 。

ກ໊ອກນ້ຳນີ້ຮັດບໍ່ແໜ້ນ / ນ້ຳຮົ່ວ.

zhè shuǐ lóng tóu guān bù jǐn   lòu shuǐ
这 水 龙 头 关 不 紧 / 漏 水 。

ທໍ່ລະບາຍນ້ຳຂອງອ່າງລ້າງມືຕັນແລ້ວ, ນ້ຳໄຫລບໍ່ລົງ.

xǐ shǒu chí pái shuǐ guǎn dǔ le   shuǐ liú bù xià lái
洗 手 池 排 水 管 堵 了 , 水 流 不 下 来 。

ທໍ່ລະບາຍນ້ຳແຕກ, ນ້ຳເປື້ອນໄຫລທົ່ວທິບ.

pái shuǐ guǎn bào le　　wū shuǐ dào chù liú

排 水 管 爆 了 , 污 水 到 处 流 。

ອ່າງອາບນ້ຳລະບາຍນ້ຳບໍ່ອອກ, ໃຊ້ບໍ່ໄດ້ເລີຍ.

yù gāng pái bù chū shuǐ　yòng bù liǎo le

浴 缸 排 不 出 水 , 用 不 了 了 。

ລິບໃຊ້ບໍ່ໄດ້ ເພາະໄຟບໍ່ມາ.

diàn tī bù néng yòng le　　yīn wèi tíng diàn

电 梯 不 能 用 了 , 因 为 停 电 。

ກະແຈປະຕູນີ້ເພ.

zhè ge mén suǒ huài le

这 个 门 锁 坏 了 。

ປ່ອງຢ້ຽມເປີດບໍ່ໄດ້.

chuāng hu dǎ bù kāi

窗 户 打 不 开 。

ດອກໄຟດັບແລ້ວ ເພາະລະບົບກະຈາຍໄຟຟ້າເກີດບັນຫາ.

diàn dēng miè le　　yīn wèi gōng diàn xì tǒng chū le wèn tí

电 灯 灭 了 , 因 为 供 电 系 统 出 了 问 题 。

ດອກໄຟຫ້ວງໂຄມໄຟຫົວຕຽງເພແລ້ວ, ເຈົ້າຊ່ວຍປ່ຽນໃຫ້ຂ້ອຍແດ່ໄດ້ບໍ?

chuáng tóu dēng de dēng pào huài le　　qǐng nǐ bāng wǒ huàn shàng kě yǐ ma

床 头 灯 的 灯 泡 坏 了 , 请 你 帮 我 换 上 可 以 吗 ?

ໂທລະສັບບໍ່ມີສັນຍານ.

diàn huà méi yǒu xìn hào

电 话 没 有 信 号 。

ໂທລະພາບຂອງຂ້ອຍເພ, ເຈົ້າແປງເປັນບໍ?

wǒ de diàn shì jī huài le　　nǐ huì xiū lǐ ma

我 的 电 视 机 坏 了 , 你 会 修 理 吗 ?

ໂມງແຂນຂອງຂ້ອຍມັນບໍ່ແລ່ນ, ເຈົ້າແປງໃຫ້ແດ່ໄດ້ບໍ?

wǒ de shǒu biǎo tíng le　　nǐ néng bāng xiū yī xià ma

我 的 手 表 停 了 , 你 能 帮 修 一 下 吗 ?

ຕູ້ເຢັນນີ້ຮັບປະກັນຄຸນມະພາບຄືນປານໃດ?
zhè tái bīng xiāng de bǎo xiū qī yǒu duō cháng
这 台 冰 箱 的 保 修 期 有 多 长 ？

ໂທລະສັບມືຖືຂອງຂ້ອຍຍັງຢູ່ໃນເວລາກໍານົດຮັບປະກັນຄຸນມະພາບ.
wǒ de shǒu jī hái zài bǎo xiū qī nèi
我 的 手 机 还 在 保 修 期 内 。

ກະເປົ໋າຂອງຂ້ອຍລ໋ອກບໍ່ໄດ້.
wǒ de xiāng zi suǒ bù shàng le
我 的 箱 子 锁 不 上 了 。

ຍາມໃດຈຶ່ງຊິແປງແລ້ວ?
shén me shí hou kě yǐ xiū hǎo
什 么 时 候 可 以 修 好 ？

ລົດຂອງຂ້ອຍຕິດຈັກບໍ່ໄດ້.
wǒ de qì chē qǐ dòng bù liǎo
我 的 汽 车 启 动 不 了 。

ລົດຄັນນີ້ເບກບໍ່ລ່ອຍເຮັດວຽກ.
zhè tái chē de shā chē bù líng
这 台 车 的 刹 车 不 灵 。

ເຈົ້າມີເຄື່ອງອາໄຫລ່ບໍ?
nǐ yǒu méi yǒu líng bù jiàn
你 有 没 有 零 部 件 ？

ລົດຈັກຂອງຂ້ອຍຢາງແຕກ.
wǒ de mó tuō chē bào tāi le
我 的 摩 托 车 爆 胎 了 。

ຢາງຮົ່ວ.
lún tāi lòu qì
轮 胎 漏 气 。

ຊ່າງ

修 理 工

ຂ້ອຍກວດເບິ່ງກ່ອນເດີ.
wǒ lái jiǎn chá jiǎn chá
我 来 检 查 检 查 。

ຂ້ອຍຈະແປງໃຫ້ດຽວນີ້ເລີຍ.
wǒ mǎ shàng xiū lǐ
我 马 上 修 理 。

ຂ້ອຍຈະສັ່ງຄົນມາແປງໃຫ້ດຽວນີ້ເລີຍ.
wǒ mǎ shàng ràng rén lái xiū lǐ
我 马 上 让 人 来 修 理 。

ວານນີ້ຂ້ອຍໄດ້ແຈ້ງໃຫ້ຊ່າງຮູ້ແລ້ວ.
zuó tiān wǒ yǐ jīng tōng zhī le xiū lǐ gōng
昨 天 我 已 经 通 知 了 修 理 工 。

ຂ້ອຍຈະບອກໃຫ້ເຂົາເຈົ້າມາແປງໃຫ້ທັນທີເລີຍ.
wǒ ràng tā men lì kè lái xiū lǐ
我 让 他 们 立 刻 来 修 理 。

ຟິວໄໝ້ແລ້ວ.
bǎo xiǎn sī shāo le
保 险 丝 烧 了 。

ຂ້ອຍຈະປ່ຽນປັກສຽບໄຟຟ້ານີ້ໃຫ້ເຈົ້າ.
wǒ bāng nǐ huàn diào zhè ge chā zuò
我 帮 你 换 掉 这 个 插 座 。

ລົດຂອງທ່ານຕ້ອງສົ່ງໄປສ້ອມແປງຢູ່ຢູ່.
nín de chē yào sòng chē háng xiū lǐ
您 的 车 要 送 车 行 修 理 。

ຕ້ອງການສອງຊົ່ວໂມງຈຶ່ງຈະຊ້ອມແປງແລ້ວ.
yào liǎng gè xiǎo shí cái néng xiū hǎo
要 两 个 小 时 才 能 修 好 。

ອີກສອງມື້ຈະສ້ອມແປງແລ້ວ.

guò liǎng tiān jiù kě yǐ xiū hǎo
过 两 天 就 可 以 修 好 。

ມື້ນີ້ຂ້ອຍແປງບໍ່ໄດ້ ເພາະວ່າບໍ່ມີອາໄຫລ່ທີ່ເໝາະຈະສົມ.

wǒ jīn tiān xiū bù liǎo   yīn wèi méi yǒu hé shì de líng jiàn
我 今 天 修 不 了 ，因 为 没 有 合 适 的 零 件 。

ໂອເຄ ແປງແລ້ວໆ.

hǎo le   xiū hǎo le
好 了 ，修 好 了 。

ຍາງລົດນີ້ຈອດບໍ່ໄດ້ແລ້ວ ມີແຕ່ປ່ຽນຍາງໃໝ່.

zhè ge chē tāi bǔ bù liǎo le   zhǐ néng huàn xīn de
这 个 车 胎 补 不 了 了 ，只 能 换 新 的 。

ຄຳສັບເພີ່ມເຕີມ
补 充 词 汇

ໄຟຊ້ອດ 短路   ໄຟຕັດ 跳闸

ແກ້ໄຂຂໍ້ຂັດຂ້ອງ 排除故障   ສາກໄຟບໍ່ເຂົ້າ 充不上电

ປ່ຽນກະແຈ 换锁   ຂຸງລູກກະແຈ 配钥匙

ເຄື່ອງຄ້າງ 死机

ຜະລິດຕະພັນດີຈີຕອນ

shù mǎ chǎn pǐn
数码产品

ຄຳຖາມ

问句

ກ້ອງຖ່າຍຮູບດີຈີຕອນກັບກ້ອງຟິມຕ່າງກັນແນວໃດ?

shù mǎ xiàng jī hé jiāo juǎn xiàng jī yǒu nǎ xiē bù tóng
数码相机和胶卷相机有哪些不同？

ກ້ອງຖ່າຍວິດີໂອດີຈີຕອນເຄື່ອງນີ້ມີຈັກພິກແຊວ?

zhè tái shù mǎ xiàng jī de xiàng sù shì duō shao
这台数码相机的像素是多少？

ຂ້ອຍຢາກຊື້ກ້ອງຖ່າຍຮູບທີ່ມີ 20 ລ້ານພິກແຊວ.

wǒ xiǎng mǎi yī bù liǎng qiān wàn xiàng sù de xiàng jī
我想买一部两千万像素的相机。

ມີເມມໂມລິກາດຫຍັງແດ່ທີ່ເຂົ້າກັບກ້ອງຂອງຂ້ອຍໄດ້?

yǒu nǎ xiē nèi cún kǎ yǔ wǒ de xiàng jī jiān róng ne
有哪些内存卡与我的相机兼容呢？

ເມມໂມລິກາດນີ້ສາມາດບັນທຶກຮູບໄດ້ຫລາຍປານໃດ?

zhè ge nèi cún kǎ néng gòu chǔ cún duō shao zhāng zhào piàn
这个内存卡能够储存多少张照片？

ຈະຊອກກ້ອງກາດລິເຕີໄດ້ຢູ່ໃສ?

zài nǎ lǐ kě yǐ mǎi dào dú kǎ qì
在哪里可以买到读卡器？

ຈະກ໊ອບປີຮູບຖ່າຍໃນກ້ອງເຂົ້າໄປໃນຄອມພິວເຕີໄດ້ແນວໃດ?

zěn yàng jiāng xiàng jī shang de zhào piàn kǎo bèi dào diàn nǎo shang
怎 样 将 相 机 上 的 照 片 拷 贝 到 电 脑 上 ?

ຈະຊື້ແບດເຕີລີ່ລິທຽມທີ່ເຫມາະກັບກ້ອງຂອງຂ້ອຍໄດ້ຢູ່ໃສ?

nǎr   kě yǐ mǎi dào shì hé wǒ de xiàng jī de lǐ diàn chí
哪 儿 可 以 买 到 适 合 我 的 相 机 的 锂 电 池 ?

ຖ້າທຽບກັບກ້ອງດີຈີຕອນທົ່ວໄປແລ້ວ ກ້ອງດີຈີຕອນ SLR ມີຈຸດເດັ່ນ
ຫຍັງແດ່?

yǔ pǔ tōng shù mǎ xiàng jī xiāng bǐ   dān fǎn shù mǎ xiàng jī yǒu nǎ xiē yōu
与 普 通 数 码 相 机 相 比 , 单 反 数 码 相 机 有 哪 些 优
diǎn
点 ?

ບ່ອນໃດທີ່ຈະອັດຮູບດີຈີຕອນໄດ້?

zài nǎr   chōng yìn shù mǎ zhào piàn
在 哪 儿 冲 印 数 码 照 片 ?

ຄຳຕອບ

回 答

ຫລັກການການເຮັດວຽກຂອງກ້ອງຖ່າຍຮູບດີຈີຕອນກັບກ້ອງທີ່ໃຊ້ຟິມ
ແມ່ນອັນດຽວກັນຄວກ.

shù mǎ xiàng jī de jī běn gōng zuò yuán lǐ yǔ jiāo juǎn xiàng jī shì yī yàng de
数 码 相 机 的 基 本 工 作 原 理 与 胶 卷 相 机 是 一 样 的 。

ກ້ອງຖ່າຍຮູບແບບດັ້ງເດີມເກັບພາບໄວ້ໃນຟິມ, ແຕ່ກ້ອງຖ່າຍຮູບດີຈີ
ຕອນເກັບພາບໄວ້ໃນເມມໂມລິກາດ.

chuán tǒng xiàng jī jiāng zhào piàn liú cún zài jiāo juǎn shang   ér shù mǎ xiàng
传 统 相 机 将 照 片 留 存 在 胶 卷 上 , 而 数 码 相
jī zé shì bǎ zhào piàn bǎo cún zài nèi cún kǎ zhōng
机 则 是 把 照 片 保 存 在 内 存 卡 中 。

ຖ້າບໍ່ພໍໃຈຕໍ່ຮູບໃດ ກໍລຶບຖິ້ມໄດ້.

rú guǒ duì nǎ zhāng zhào piàn bù mǎn yì   kě yǐ shān chú
如 果 对 哪 张 照 片 不 满 意 , 可 以 删 除 。

ການກ໊ອບປີຮູບທີ່ບັນທຶກຢູ່ໃນກ້ອງເຂົ້າໄປໃນຄອມພິວເຕີ ມີຫລາຍວິທີ.

bǎ xiàng jī chǔ cún de zhào piàn kǎo bèi dào diàn nǎo shang   yǒu duō zhǒng fāng fǎ
把 相 机 储 存 的 照 片 拷 贝 到 电 脑 上 ，有 多 种 方 法 。

ທ່ານຈະພິມຮູບຖ່າຍຢູ່ໃນເຮືອນກໍໄດ້, ແຕ່ຕ້ອງໃຊ້ເຈ້ຍໂฟໂຕ້ໂดยสะเพาะ.

nín yě kě yǐ zài jiā li zì jǐ dǎ yìn zhào piàn   dàn yào shǐ yòng zhuān yòng
您 也 可 以 在 家 里 自 己 打 印 照 片 ，但 要 使 用 专 用

xiàng zhǐ
相 纸 。

ກ້ອງຖ่າຍຮູບ 20 ລ້ານພິກແຊວອຂາຍหมดแล้ว.

liǎng qiān wàn xiàng sù de xiàng jī yǐ yǐ jīng mài wán le
两 千 万 像 素 的 相 机 已 经 卖 完 了 。

ລຸ່ນນີ້ຂາຍหมดแล้ว.

zhè zhǒng xíng hào yǐ shòu qìng
这 种 型 号 已 售 罄 。

ຂໍແນະນຳໃຫ້ທ່ານຊื້ก້ອງຖ่າຍຮູບທີ່ມີ 8 ລ້ານພິກແຊວຂึ້นไป.

wǒ jiàn yì nín mǎi bā bǎi wàn xiàng sù yǐ shàng de xiàng jī
我 建 议 您 买 八 百 万 像 素 以 上 的 相 机 。

ຖ้าใຊ้ຖ่າຍຮູບໃນຊีວິດปะจำวันเท่านั้น ກ້ອງ 8 ລ້ານพิกแຊวก็พอใຊ้
ຢ่แล้ว.

pāi shēng huó zhào   bā bǎi wàn xiàng sù de xiàng jī jiù zú gòu le
拍 生 活 照 ，八 百 万 像 素 的 相 机 就 足 够 了 。

ກ້ອງดิจิຕอบ SLR ເປັນກ້ອງสำลับຊ่างมืออาຊีบหลายກ่า.

dān fǎn shù mǎ xiàng jī zhǔ yào gōng zhuān yè rén shì shǐ yòng
单 反 数 码 相 机 主 要 供 专 业 人 士 使 用 。

ຮູບຖ่າຍທີ่ຖ่າຍ ໂดยກ້ອງดิจิຕอบ SLR จะมีຄุนมะພาบดีກว่าກ้อງดิ
จิຕอบทำมะดา.

dān fǎn shù mǎ xiàng jī pāi chū de zhào piàn bǐ pǔ tōng shù mǎ xiàng jī zhì
单 反 数 码 相 机 拍 出 的 照 片 比 普 通 数 码 相 机 质

liàng gèng shèng yī chóu
量 更 胜 一 筹 。

ກ້ອງຖ່າຍວິດີໂອດິຈິຕອນຂະຫນາດນ້ອຍເປັນຜະລິດຕະພັນອິເລັກໂทຣນິກ
ที່ຖืนำຕິວໄດ້ງ່າຍ, ສາມາດບັນທຶກວິดີโอได้, ອັດสฎฏกำได้ลิกัน.

xiǎo xíng shù mǎ shè xiàng jī shì yī zhǒng biàn xié shì diàn zǐ chǎn pǐn　jì kě
小 型 数 码 摄 像 机 是 一 种 便 携 式 电 子 产 品，既 可
yǐ shè xiàng　yòu kě yǐ lù yīn
以 摄 像 ，又 可 以 录 音。

ໂทละสับมิติสะมาตโฟນ

zhì néng shǒu jī
智 能 手 机

ຄำຖาม

问 句

ຂ້อยຢากຊื້ໂทละสับมิติสะมาตโฟนເຄื່องຫนึ่ง, ຂໍຄำແນะນำແด่
ໄດ້ບໍ?
wǒ hěn xiǎng gòu mǎi yī bù zhì néng shǒu jī　néng gěi wǒ xiē jiàn yì ma
我 很 想 购 买 一 部 智 能 手 机，能 给 我 些 建 议 吗？

ปีນີ້ยี่ຫ้อຊำຊูງ ລຸ້ນໃດຂายดีกว่า?
jīn nián sān xīng pǐn pái nǎ ge xíng hào bǐ jiào chàng xiāo
今 年 三 星 品 牌 哪 个 型 号 比 较 畅 销？

ໄอโฟน (iPhone) ລຸ້ນนີ້ແມ່ນลุ้นใหม่ห้าฺสุดบໍ? มิสีอื่นอีกບໍ?
zhè kuǎn píng guǒ shǒu jī shì zuì xīn kuǎn de ma　yǒu qí tā yán sè ma
这 款 苹 果 手 机 是 最 新 款 的 吗？有 其 他 颜 色 吗？

มิติสะมาตโฟนมิฟั่งงຊັ້น (ບ็อดบาด) ຫຍັ้งແด่?
zhì néng shǒu jī yǒu nǎ xiē gōng néng
智 能 手 机 有 哪 些 功 能？

ມີຖືຂອງເຈົ້າແລ່ນລະບົບຫຍັງ?

nǐ de shǒu jī yùn xíng shén me xì tǒng
你 的 手 机 运 行 什 么 系 统 ？

ການໃຊ້ມີຖືຫຼິ້ນອິນເຕີເນັດຕ້ອງລະວັງຫຍັງ?

shǒu jī shàng wǎng xū yào zhù yì shén me
手 机 上 网 需 要 注 意 什 么 ？

ຄົນລາວມີຍົມຫຼິ້ນວີແຊດ（Wechat）ຄືຄົນຈີນບໍ?

lǎo wō rén xiàng zhōng guó rén yī yàng xǐ huan wán wēi xìn ma
老 挝 人 像 中 国 人 一 样 喜 欢 玩 微 信 吗 ？

ການເປີດໃຊ້ວີແຊດຈະຕ້ອງເຮັດແນວໃດ?

yào kāi tōng wēi xìn zěn me cāo zuò
要 开 通 微 信 怎 么 操 作 ？

ຄຳຕອບ

回 答

ຂໍແນະນຳໃຫ້ທ່ານຊື້ໂທລະສັບມີຖື 4G.

wǒ jiàn yì nín mǎi shǒu jī
我 建 议 您 买 4G 手 机 。

ລຸ້ນນີ້ໄດ້ຮັບຄວາມນິຍົມຫຼາຍໃນຫມູ່ບາງສາວ.

zhè ge xíng hào hěn shòu nǚ shì huān yíng
这 个 型 号 很 受 女 士 欢 迎 。

ລຸ້ນນີ້ເປັນລຸ້ນໃຫມ່ຫຼ້າສຸດ, ມີສີຂາວ ສີເງິນ ແລະ ສີທອງ.

zhè shì zuì xīn kuǎn de yǒu bái sè yín sè hé jīn sè
这 是 最 新 款 的 ， 有 白 色 、 银 色 和 金 色 。

ມີຖືສະມາດໂຟນກໍ້ຄ້າຍຄືກັບຄອມພິວເຕີຂະຫນາດນ້ອຍເຄື່ອງຫນຶ່ງ.

zhì néng shǒu jī jiù xiàng shì yī tái xiǎo xíng de diàn nǎo
智 能 手 机 就 像 是 一 台 小 型 的 电 脑 。

ມີຕິສະມາດໂຟນມີຟັງຊັນຫລາຍຢ່າງ, ນອກຈາກໃຊ້ໂທລະສັບ, ສົ່ງຂໍ້
ຄວາມແລ້ວ, ຍັງຫລົ້ນອິນເຕີເນັດ ຖ່າຍຮູບ ຖ່າຍວິດີໂອ ອັດສຽງ
ເບິ່ງໜັງ ແລະ ຫລົ້ນຫຸ້ນໄດ້ອິກ.

zhì néng shǒu jī gōng néng hěn duō   chú kě yǐ yòng lái dǎ diàn huà   fā duǎn xìn
智 能 手 机 功 能 很 多 ，除 可 以 用 来 打 电 话 、发 短 信
wài   hái kě yǐ shàng wǎng zhào xiàng   lù xiàng   lù yīn kàn diàn yǐng chǎo
外 ，还 可 以 上 网 、照 相 、录 像 、录 音 、看 电 影 、炒
gǔ piào děng
股 票 等 。

ມີຕິຂອງຂ້ອຍແລ່ນລະບົບແອນດອຍ（Android）/ ໄອໂອເອດ（iOS）.

wǒ de shǒu jī yùn xíng ān zhuó   xì tǒng
我 的 手 机 运 行 安 卓 /iOS 系 统 。

ວິທີປະຢັດແບດເຕີລີມີຫລາຍວິທີ, ເຊັ່ນກົດປຸ່ມພາເວີ（Power）ຂ່ອຍໆ
ກໍຈະປິດໜ້າຈໍໄດ້.

shěng diàn yǒu duō zhǒng fāng fǎ   rú qīng àn diàn yuán jiàn   jiù kě yǐ guān
省 电 有 多 种 方 法 ，如 轻 按 电 源 键 ，就 可 以 关
bì píng mù
闭 屏 幕 。

ຄັນຢາກໃຊ້ມີຕິຫລົ້ນອິນເຕີເນັດ ຕ້ອງເປີດສະວິກ ວາຍຟາຍ（Wi-Fi）
ຫລື ດາຕາ（Data）, ເຊື່ອມຕໍ່ອິນເຕີເນັດ, ແລ້ວກໍຄົ້ນຫາ ຫລື ເຂົ້າສູ່
ເວບໄຊໄດ້ເລີຍ.

shǒu jī shàng wǎng yào dǎ kāi   huò shù jù kāi guān   lián jiē wǎng luò
手 机 上 网 要 打 开 Wi-Fi 或 数 据 开 关 ，连 接 网 络 ，
jiù kě yǐ chá zhǎo hé fǎng wèn wǎng zhàn le
就 可 以 查 找 和 访 问 网 站 了 。

ເວລາຫລົ້ນອິນເຕີເນັດແລ້ວໆ, ຕ້ອງປິດສະວິກວາຍຟາຍ（Wi-Fi）ຫລື
ດາຕາ ເພື່ອຢຸດຕິການສົ່ງສານຂໍ້ມູນ ແລ້ວຈິ່ງບໍ່ໄດ້ເບີຍຢ່າໃຊ້ຈ່າຍ.

yòng shǒu jī shàng wǎng jié shù hòu   yào guān bì   hé shù jù kāi guān
用 手 机 上 网 结 束 后 ，要 关 闭 Wi-Fi 和 数 据 开 关
yǐ tíng zhǐ shù jù chuán shū   jié yuē fèi yong
以 停 止 数 据 传 输 ，节 约 费 用 。

ແຕ່ກ່ອນຄົນລາວນິຍົມຫຼິ້ນລາຍ (line), ແຕ່ປັດຈຸບັນເລີ່ມນິຍົມຫຼິ້ນ
ວີແຊັດຂອງຈີນຫຼາຍຂຶ້ນ.

lǎo wō rén yǐ qián wán　　lián wǒ　　xiàn zài kāi shǐ rè zhōng yú wán zhōng guó
老 挝 人 以 前 玩 "连 我", 现 在 开 始 热 衷 于 玩 中 国

de wēi xìn le
的 微 信 了。

ດາວໂຫລດວີແຊັດແຍບ, ຕິດຕັ້ງຮຽບຮ້ອຍ ແລ້ວສະຫມັກເປັນສະມາ
ຊິກດ້ວຍເບີໂທລະສັບ ກໍສາມາດເລີ່ມໃຊ້ວີແຊັດໄດ້ແລ້ວ.

xià zài wēi xìn kè hù duān　　ān zhuāng wán chéng hòu yòng shǒu jī hào mǎ zhù
下 载 微 信 客 户 端, 安 装 完 成 后 用 手 机 号 码 注

cè　　jiù kě yǐ kāi shǐ shǐ yòng wēi xìn le
册, 就 可 以 开 始 使 用 微 信 了。

ຄົນມີວີແຊັດແລ້ວ ກໍສາມາດສົ່ງຕໍ່ຫານັງສື ສຽງ ຮູບ ແລະ ວິດີໂອໃຫ້
ແກ່ກັນໄດ້, ຍັງສາມາດສ້າງກຸ່ມສົນທະນາລົມກັນເປັນກຸ່ມໄດ້.

yǒu le wēi xìn　　jiù kě yǐ xiāng hù jiān fā sòng wén zì　　yǔ yīn zhào piàn
有 了 微 信, 就 可 以 相 互 间 发 送 文 字、语 音、照 片

huò shì pín　　hái kě yǐ chuàng jiàn liáo tiān qún jìn xíng qún liáo
或 视 频, 还 可 以 创 建 聊 天 群 进 行 群 聊。

ຄຳສັບເພີ່ມເຕີມ
补充词汇

ອາລະບັ້ງຮູບຖ່າຍ 相册　　　　　ຫນັງສືອີເລັກໂທນິກ 电子书

ແບດເຕີລີສຳຮອງ / ພາວເວີແບງ 移动电源 / 充电宝 (Power Bank)

ປາກກາອັດສຽງ 录音笔　　　　　ໄມໂຄໂຟນ 麦克风

ກ້ອງເວບແຄມ 网络摄像头　　　ເທບເລດ 平板电脑

ເວລາສະແตນບາຍ 待机时间　　　ເວລາການสົນທະนา 通话时间

老挝概况

国名：老挝人民民主共和国（The Lao People's Democratic Republic）

面积：236 800平方千米

人口：706万（2018年统计数字）

首都：万象

行政区域：全国划分为17个省和1个直辖市。

主要新闻媒体：《人民报》（老挝人民革命党中央机关报）、《新曙光》（老挝人民革命党中央机关刊物），还有《新万象报》《人民军报》和《青年报》；巴特寮通讯社、老挝国家广播电台及其设在各省的分台、老挝国家电视台及其在一些大省的分台（是政府办的）。

货币：基普（Kip），美元与基普的兑换率大约是1∶8 870（2019年11月）。

主要旅游地：琅勃拉邦、万象、川圹石缸平原、占巴塞瓦普庙、老柬边境孔帕平瀑布等。

地 理

老挝位于中南半岛北部，北邻中国，南接柬埔寨，东邻越南，西北达缅甸，西南毗连泰国。境内80%为山地和高原。地势北部和东部高，逐渐向西南方向倾斜。山地和高原多集中在北部和东部沿长山山脉老越边境一带。北部的普比亚山山峰高达2 820米，川圹高原海拔1 200~1 400米。平原主要分布在中部和南部湄公河段沿岸。较大的平原有万象平原、沙湾拿吉平原和占巴塞平原。

老挝水力资源十分丰富，不大的国土上有20多条长度在200千米以上的江河，均匀地分布在各地，形成一个布局合理的河流网。东南亚最长的河——湄公河自北向南贯穿整个老挝，在老挝境内河段长达1 900公里，是老挝水上交通要道。从首都万象乘船北上可抵琅勃拉邦，南下可达老柬边境。这些江河不仅给两岸人民的生产、生活提供方便，而且蕴藏着巨大的能源。这些能源如能开发，将对老挝的经济发展起到巨大作用。

老挝气候属热带、亚热带季风气候，雨量充足，气温高，一年分为两个季节，5月至10月是雨季，11月至次年4月是旱季。雨季的降雨量占全年降雨量的80%，年降雨量为1 250~3 750毫米，年平均气温约为26℃。充足的阳光和充沛的雨量使老挝成为植物王国，森林覆盖率约为50%。珍贵的林木有柚木、红木、罗汉松、缅甸紫檀等。

老挝的矿产有锡、铅、钾盐、铜、铁、金、石膏、煤、稀土等。

历　史

公元1353年，法昂王第一次统一老挝，建立澜沧王国，定都琅勃拉邦。14世纪中期至17世纪末是老挝封建社会的兴盛时期，经济和文化都有较大的发展。18世纪初逐步分裂成琅勃拉邦王朝、万象王朝、占巴塞王朝。1778年至1893年沦为暹罗（今泰国）属国。1893年沦为法国殖民地，1954年7月法国殖民者撤出印度支那，不久美国取代法国。1955年起，老挝人民在老挝人民革命党的领导下和包括中国在内的社会主义国家的大力支持下，经过长期、艰苦的斗争，于1975年取得了民族民主革命的胜利并宣布废除君主制，当年12月2日成立老挝人民民主共和国。

政 治

老挝是社会主义国家。1991年8月通过的宪法规定老挝是人民民主国家，全部权力属于人民。

国家机构：

国会——原称"最高人民议会"，1992年8月改称"国会"，是国家最高权力机构和立法机构，负责制定宪法及法律，选举国家主席、副主席，任命总理。

政府——国家最高行政机关。

司法机构——设最高人民法院和最高人民检察院，最高人民法院为最高司法权力机关。

主要政党——老挝人民革命党是老挝执政党，也是老挝唯一的政党。1955年3月22日建立，原称"老挝人民党"，1972年改为现名。老挝党的宗旨是：领导全国人民进行革新事业，建设和发展人民民主制度，建立和平、独立、民主、统一和繁荣的老挝，为逐步走向社会主义创造条件。

老挝政府奉行和平、独立、友谊与合作的外交路线，与世界上许多国家建立了外交关系。老挝在国际舞台上的地位和影响力日益提高。

经 济

老挝是个农业国，经济以农业为主，农业人口占全国人口总数的绝大部分。由于历史上长期遭受外族的侵略以及长期的战争，经济遭到严重摧残。尽管现在政权已掌握在人民手中，经济发展还是比较缓慢。主要原因是基础太薄弱，无重工业，只有一些加工业，如木材加工、服装加工、碾米等。农业生产还处于自然和半自然状态，产量较低。缺资金，缺人才，这些都是束缚经济发展的因素。老挝政府一贯努力发展经济，积极开展外交活动，争取国际资金和人才培养方面的援助。1986年开始实行"新的经济机制"。1988年7月通过"外资法"，开始实行"革新开放政策"。1991年至1996年，国民经济年均增长7%。1997年后，老挝经济受亚洲金融危机严重冲击。老挝政府采取加强宏观调控、整顿金融秩序、扩大农业生产等措施，基本保持了社会安定和经济稳定。2006年至2010年共获外援约24.2亿美元，年均4.88亿美元。"七五"规划前半期（2011—2013年4月）共获外援约16亿美元，完成引援总任务的35.4%。2014—2015财年，老挝共获得官方发展援助3亿美元。2015—2016财年老挝吸引外资12.7亿美元。

在贸易方面，2020年5月，老挝同50多个国家和地区有贸易关系，与约20个国家签署了贸易协定，其中5个国家是边境贸易伙伴。泰国、中国和越南在老挝贸易伙伴中分列第一、第二、第三位。

2018年老挝进出口贸易额达112亿美元，同比增长16%，其中出口54亿美元，同比增长10.9%，进口58亿美元，同比增长21%。

2019年1月至6月，老挝的出口额达到28.49亿美元，进口额约为27.26亿美元，贸易差额约为1.23亿美元。老挝的主要出口国为泰国（10.35亿美元），中国（8.12亿美元），越南（4.99亿美元）。输往泰国的电力出口额为4.67亿美元，输往越南的电力出口额为2 800万美元，输往柬埔寨的电力出口额为400万美元。此外，出口到泰国的铜及铜产品出口额为1.91亿美元，出口到中国的金矿石出口额为3.23亿美元，出口到越南的饮料出口额为1.13亿美元。老挝的主要进口国为泰国（15.10亿美元）、中国（7.02亿美元）、越南（2.92亿美元）。从泰国进口的石油和柴油价值2.9亿美元，车辆价值1.09亿美元。除从泰国进口的拖拉机和摩托车外，从中国进口的机械设备（除机械车辆外）价值1.27亿美元。从越南进口的钢铁价值1.13亿美元，进口的柴油价值340万美元，进口的拖拉机和摩托车价值3 000万美元。

自实行革新开放以来，老挝经济有了一定的发展。2002年人均国民生产总值从1992年的270美元提高到331美元，基础设施建设比过去有了长足的进步，人民生活水平有了一定的提高。近年来老挝经济取得了更大发展。2017年经济增长6.9%，国内生产总值（GDP）约170亿美元，人均2 472美元。2018年经济增长6.5%，GDP约179亿美元，人均2 599美元。老挝土地肥沃，自然资源丰富，人口少，平均每平方千米才十几人，人均占有土地面积和自然资源在中南半岛国家中名列前茅，而绝大部分的资源还未得到开发和利用。

民族与习俗

老挝有50个民族，分属4个语族系，即老泰语族系、孟—高棉语族系、汉—藏语族系和苗—瑶语族系。其中，老泰语族人口最多，占全国总人口的75%左右，经济和文化发展水平比其他3个语族高，是老挝的主体民族。老泰语族的语言和文字是老挝的官方语言和文字。

老挝大部分民众信奉佛教，一年中主要节日有：

1. 新年节，亦称泼水节。每年公历4月13日、14日、15日是老挝的新年节，全国党政机关和学校都放假，人们穿上自己最漂亮的衣服，用鲜花浸泡成的香水或清洁干净之水冲洗佛像，用树枝沾着水轻轻地洒或用瓢舀水泼向对方。那几天，在城市的大街小巷、农村的高脚屋旁和乡间绿荫道上，到处都会听到互相追逐泼水的喜悦声，因此又称泼水节。老挝人认为水能冲去旧年的晦气，所以他们很高兴地向别人泼水，也喜欢别人向他们泼水。他们还全家到寺庙听和尚讲经，给僧人布施衣物，到河边沙滩上堆沙塔，在古都琅勃拉邦还选"宋干小姐"。那几天，家家户户都备有丰盛的酒菜，随时招待客人。不管认识与不认识，只要你走进他们的家门，都会受到热情接待。晚上有家庭搞的娱乐活动，也有公家组织的文艺活动，到处欢歌笑语，举国上下一片欢腾。

2. 高升节。每年公历6月望日，是老挝一年一度的高升节。这天，人们以村为单位，将早已准备好的自制竹筒火箭抬送到竹筒火箭发射比赛场参加发射比赛。谁的竹筒火箭外形美、射得高，谁就是赢家。抬送竹筒火箭到比赛场的过程是一个狂欢的过程。几个强壮的小伙子抬着装饰有龙头的竹筒火箭走在前面，后面跟着穿着奇特、打扮怪诞的队伍。有些男人穿着花花绿绿的裙子，脸上涂满胭脂扮成女人。有些人穿着破破烂烂的衣裳，打扮成乞丐，在领队的指挥下，在芦笙和锣鼓声的伴奏下边喊、边唱、边跳、边有节奏地鼓掌。沿途遇见谁就打趣谁，气氛极其欢乐，充分表现出老挝人幽默、乐观的性格。

3. 龙舟节。每年公历11月望日，正值出夏节，被限制外出了3个月的和尚终于可以走出寺院了。晚稻还未成熟，农活相对较少。雨季已经结束，天气较为凉爽，政府趁着出夏节举行划龙舟比赛。那天，各地各单位的龙舟队云集湄公河边，岸边挤满了观看的群众。一声哨响，各队如箭离弓，在锣鼓声和呐喊声中飞快往前划船，谁先到达终点谁就是赢家。在首都万象和南部的沙湾拿吉，老挝人还经常与河对岸的泰国人比赛划龙舟。晚上，人们把装饰华丽的灯船开到河里，让船顺着河水漂流。银色的月亮，蓝色的河水，河面上漂着一只只绚烂多彩的灯船，岸边椰树婆娑。这是多么美的一幅画啊！

4. 塔銮节。塔銮是老挝语"ທາດຫລວງ"的音译，意为"大佛塔"，位于万象市北部，是万象的地标性建筑，同时也是老挝的佛教圣地。每年公历11月中旬（如是闰年可能在其他时间）举行的朝拜塔銮节是全国最大、最隆重的传统宗教节日活动。过去，国家要员要在塔銮的佛像前举行忠诚宣誓仪式，饮圣水和游神。现在，老挝党政要员虽不搞上述活动，但也有部分主要领导干部到塔銮与群众一起听和尚讲经，布施斋饭。夜间手持香烛绕塔而行仪式是节日的高潮，前面是乐队，之后是手持香烛的善男信女，鼓声咚咚，烛光点点，绕塔三圈。节日期间，老挝政府还在塔外广场举办博览会和文艺演出，选购物品和观看文艺演出的人群川流不息，热闹非凡。

由于长期受到佛教文化的熏陶，老挝人性格温和，极讲礼貌。大声说话、大口吃饭或喝汤并发出声音都被认为是不文明行为。他们一般不从别人前面走过，如不得已则要稍微弯腰才能走过。老挝人相信人身体的每一个器官都有灵魂，而头顶是灵魂集中的地方，是最重要的部位，因此不能随便摸别人（包括小孩）的头。而且，也不能从衣服底下走过，故不能在过道上挂晒衣服。老挝人在各种典礼和仪式上经常往别人的手腕上拴棉线并讲一些吉祥的话，他们认为这样做被拴线的人的灵魂才不会丢失，身体才会健康。

中老关系

中国和老挝是山水相连的友好邻邦，两国人民之间的传统友谊源远流长。1961年中老建交后，两国睦邻友好合作关系取得了长足发展。中国政府十分重视中老关系。2000年11月，时任中国国家主席江泽民访问老挝。2001年3月，在老挝党召开"七大"时，中国共产党派代表团参加。2003年6月，时任老挝国家主席坎代·西潘敦访问中国。在两国领导人和政府的推动下，2009年中老两国建立了全面战略合作伙伴关系。2017年11月，中共中央总书记、国家主席习近平对老挝进行历史性国事访问，双方同意共同打造中老具有战略意义的命运共同体，中老关系进入历史最好时期。中老两国政府部门和民间的互访更是不计其数。中老两党、两国政府经常互相学习和交流社会主义建设理论与经验。老挝党还分期、分批送其高级官员到中国中央党校学习邓小平理论。中老两党、两国关系是同志加兄弟的关系。

（注：资源来源于中华人民共和国外交部官网和老挝中国总商会）